Birgit Groenewold

Das „Tussenpferd" und andere Brüller

Copyright © 2016 by Birgit Groenewold

Herstellung und Verlag: BoD-Books on Demand, Norderstedt

ISBN: 9783741256059

Inhalt: Seite

Der Haflinger	6
„Nur in gute Hände... "- Verkaufsanzeigen richtig übersetzen	11
Der Norweger	18
„Problemzone" Offenstall	21
Der Araber	26
Das Mini-Shetty	30
Die Hausfrauenreitstunde	34
Der Andalusier	40
Reitbegleithunde: Der Jack-Russell	43
Das Warmblut	47
„Mitleid Lady" fragt Dr. Facebook Teil 1	52
Der Friese	56
„Mitleid Lady" fragt Dr. Facebook Teil 2	60
Der Isländer	64
„Mitleid Lady" fragt Dr. Facebook Teil 3	68
Reitbegleithunde: Der Shepherd	72
Das „Montagsmodell"...irgendwas ist immer kaputt	76
Das Quarter Horse	82
Der moderne Cowboy Teil 1	87
Einstaller/ Obdachlose Equiden	89
Der moderne Cowboy Teil 2	95
Das erste eigene Fohlen	98
Der moderne Cowboy Teil 3	102
Der TT	105
Dein „Besi" und Du -Verhaltensregeln für Pferde	111
Der Lipizzaner	115
Reitbegleithunde: Der Retriever	119
Das Kaltblut	123
Der Tinker	128

Pferderassen und ihr Eigenleben

Der Haflinger

Der Haflinger:

je nach Beliebtheitsgrad auch "Edelweißreiner", "Alpenpanzer" oder "Weißwurstreserve" genannt...

Der weibliche Haflinger wird in Bayern ausschließlich für den Eigenbedarf produziert. Dabei fällt sozusagen als "Abfallprodukt" eine etwa gleich große Menge an männlichen Haflingern an. Diese ungeliebten "Gelben Säcke" werden alljährlich zum 10 fachen Schlachtpreis + Versandkosten + Bearbeitungsgebühr + Mitleidszuschlag (also echte Schnäppchen!) an ahnungslose Freizeitreiter verschachert. Zur Grundausstattung des bayerischen "Exportschlagers" gehört ein Halfter aus Strohbändern und ein Kälberstrick. Im Preis enthalten sind auch etwa 297 Würmer (kommt ja auch auf die inneren Werte an!!!)

Der Haflinger hat eine schwere Kindheit (Herdenhaltung/ Berge). Er ist es gewohnt, immer hinter anderen her zu latschen. Aufgrund dessen ist er nicht in der Lage Vorne zu laufen und kann auf gar keinen Fall alleine bleiben. Es wird dringend davon abgeraten, ihn bei Ausritten alleine im Stall zurück zu lassen, besonders nicht in Holzställen. Aufgrund seines hohen Kampfgewichts ist in der Lage sogar massive Bongossiställe innerhalb kürzester Zeit zu zerlegen. Um die üblichen (z.T. mit Strohbändern zusammengetüdelten) Bretterbuden von Freizeitreitern in ein Trümmerfeld zu verwandeln benötigt er gerade mal 10 Sekunden!!! Auch beim Anbinden und Hänger fahren kommt zeitweilig seine zerstörerische Ader durch. Ein doppelt gepanzerter Hänger und ein 3m tief eingelassener Anbinder machen da durchaus Sinn. Aufgrund eines Gen-Defekts ist er außerdem in der Lage ohne jegliche Anzeichen von Schmerzen und ohne das kleinste Zucken durch 5-reihige Stromzäune zu marschieren.

Beim Fressen ist er sehr besitzergreifend und sollte nicht gestört werden. Hierbei ist ein ausreichender Sicherheitsabstand einzuhalten. Die Essenszufuhr sollte möglichst nicht länger als 3 Minuten unterbrochen werden. Er ist außerdem in der Lage jeden noch so kleinen Kraftfuttervorrat zu orten und in Rekordzeit zu "inhalieren".

Auf Turnieren sind seine "nicht vorhandenen" Tischmanieren besonders ärgerlich, wenn er versucht mit seinem grün-triefenden Sabbermaul imaginäre Leckerlis aus deiner weißen Bluse zu fummeln.

Den Haflinger gibt es in 2 Ausführungen:

1. Der Haflinger „vom alten Schlag"...

...hat an jeder Ecke ein Bein, ist extrem adipös und mit riesigen flachen Tretern ausgestattet, die auch in der norddeutschen Moorlandschaft nach wochenlangen Dauerregen nicht einsinken. Aufgrund einer rassebedingten Koordinationsschwäche platziert er diese auch gerne auf den Füßen seiner Besitzer. Passend (zum norddeutschen Wetter) befindet sich auf seinem Rücken eine Art Regenrinne. Er ist schwerfällig, begriffsstutzig und extrem leichtfuttrig. Er wiegt bei Rehe im Endstadium bis zu 800 Kilo. Er wird quasi schon fett, wenn man ihn längere Zeit vor einer grünen Wand parkt. Gekauft wird er vornehmlich von älteren Hobbybauern mit Hut und Handstock, bei denen er 24/7 auf einer fetten Wiese zwischen den Ackergeräten rumsteht/liegt (Rehe), anstatt sie zu ziehen.

Manchmal landet dieses Ur-Modell auch in einer Reitschule. Dort sieht man ihn oft in folgender Kombi: Noble Schabracke + 25-jährigem ausgelutschtem Rippsattel. Diese Kombi wirkt auf seinem Rücken, wie ein einzelnes Tischset auf einer riesigen Rittertafel. Aufgrund der ausgeprägten Fettleibigkeit kann dieses Set nur mit Hilfe von Vorderzeug und Schweifriemen mittig fixiert werden. Der lange, etwas schmuddelige Kötenbehang schaut unten aus den rosa Bandagen raus und die Mähne, die bei diesem Typ Haflinger so fluffig aussieht wie weichgespült, ist meistens zu einem (misslungenem) Mozartzopf geflochten.

Man sieht kleine Mädels mit Storchenbeinchen in der neusten Reitsocken-Kollektion, die sich (im Spagat) auf diesem gelben Koloss abmühen. Ihre (karierten) dünnen Beinchen rotieren dabei wie Windmühlenflügel, was aber genauso sinnlos ist, wie irgendwelche Lenkversuche zu starten, da Richtung und Geschwindigkeit bei diesem Modell ausschließlich vom Vorpferd bestimmt werden (siehe Kindheit/Herdenhaltung). Aufgrund der enormen Futtermenge muss er während einer einzigen Reitstunde bis zu 5 mal äppeln. Dabei kommt es vermehrt zu "Auffahrunfällen", da er in Ausübung seiner Tätigkeit ein "Stand-WC" bevorzugt. Bei den kleinen Mädels ist er trotzdem recht beliebt, da er einfach zu faul ist zum Bocken und all die albernen Spielchen wie anmalen, flechten und "Einhorn spielen"(natürlich nur im Tausch gegen Unmengen Leckerlis) gerne mitspielt. Seine älteren Reitschüler dagegen, hört man fast die gesamte Unterrichtsstunde leise vor sich hin fluchen...

2. Der Edelbluthaflinger:
Er ist das genaue Gegenteil. Durch das Einkreuzen von Arabern wurde hier der ehemalige "Ackergaul"(zumindest optisch) aufgewertet. Allerdings ist hierbei die Eleganz und das Temperament des Arabers gepaart mit dem IQ des Ursprungsmodels einfach nicht kompatibel. Käuferzielgruppe sind hier ca. 15-jährige Mädels, die sich erst kürzlich von ihren Barbiepferden getrennt haben, die sogenannte "Wendyfraktion". Die Erziehung dieses Edel-Models mit weißer Walle-Mähne und Komplett-Ausstattung in Glitter/Pink gestaltet sich recht schwierig, da mit den rosa Flausche-Halftern keinerlei Einwirkung möglich ist. Erschwerend kommt hinzu, dass dazu auch nur eine Hand frei ist. In der anderen Hand der Mädels befindet sich nahezu dauerhaft das aktuellste Handy oder ne Kippe.

Spätestens als Jährling, kurz bevor er zur "Gelben Gefahr" mutiert, wird der beratungsresistente Jüngling kastriert. Dabei ist er sogar in der Lage (einmalig) zu jodeln. Zusammen mit anderen "Tussenpferden" wie Friesen, Barockpintos und Tinkern bewohnt er einen "Offen"-Stall ("zu" geht ja nicht) mit anschließendem Paddock. Der Zaun ist eine gelungene Kombination aus Strom, Stacheldraht, Baustahlmatten und Strohbändern. Geritten wird er ausschließlich gebisslos mit baumlosen Pappsätteln, natürlich pferdeschonend ohne Sporen und Gerte. Aufgrund dessen reiten die Mädels auch quasi immer einhändig, mal mit Handy/Kippe, mal mit "Gips".

Manchmal landet dieses elegante Model auch versehentlich (die "Gelben Säcke" sehen ja anfangs alle gleich aus) bei besagtem Hobbybauern mit Hut und Handstock. Diese "Irrläufer" schaffen es innerhalb kürzester Zeit sogar bis in die Zeitung oder ins Internet. Auf den Fotos der Presse sieht man dann oft eine bis zur Unkenntlichkeit zerstörte Kutsche im Straßengraben liegen, mehrere Rettungswagen mit Blaulicht, viele Schaulustige und einen stark lädierten Hobbybauern (diesmal ohne Hut und Handstock) durchs Bild kriechen. Und wenn man dann noch mal ganz genau mit der Lupe hinschaut, sieht man auf diesen Fotos, ziemlich weit entfernt am Horizont, den quietschfidelen Edelblut-Hafi in den restlichen Bestandteilen seines Kutschgeschirrs, friedlich grasend mit unschuldigem Blick in die Kamera grinsen.

Wie man sieht, sind beim Haflinger deutliche Parallelen zum Norweger vorhanden!

Noch ein kleiner Tipp : Wenn euer "Anton aus Tirol" mal wieder zu viel Eigendynamik entwickelt, droht ihm einfach mit der Müllabfuhr...

...die holt "Gelbe Säcke" kostenlos ab !!!

„Nur in gute Hände..."

Die richtige Übersetzung von Verkaufsanzeigen:

„Verladefromm"
Meistens kniet er betend vor der Hängerklappe und rührt sich kein Stück. Selbst mit dem richtigen Equipment (30m Bauzaun und 10 DVDs) dauert es knapp 5 Stunden! Alternativ kannst du ihm auch einen Vers aus der Bibel vorlesen, z. B. Matthäus 7,13 "Tretet ein durch das enge Tor! Denn weit und breit ist der Weg, der ins Verderben führt."

„Kennt das Fohlen ABC"
Er ist aber schon 8 und wohl öfter sitzengeblieben.

„Kennt Sattel und Reitergewicht"
Ja, es lag schon mal ein Sattel auf seinem Rücken, der Gurt konnte aber aus "Zeitmangel" nicht geschlossen werden. Das Reitergewicht kennt er aus Sicherheitsgründen nur von einem Kartoffelsack. Dieser "Bio-Dummy" verließ allerdings umgehend das Testgelände.

„Anlongiert"
Wenn man den unter Verfolgungswahn leidenden Zossen mit der Longe im Schlepptau nach Tagen endlich wieder eingefangen hat, sind die Brandblasen an den Händen bereits gut verheilt.

„Eingefahren"
Beim ersten Anspannen legte er mit der "unbemannten" Kutsche 42,195 Kilometer zurück, daher heißt so ein Ding wohl auch Marathonkutsche.

„Cool"
Aufgrund seines "wahren" Alters (36) sind auch in Zukunft keine Temperamentsausbrüche zu erwarten.

„Bewegungskünstler"
Er schafft es, auch ohne den Kopf zwischen die Vorderbeine zu nehmen, extrem fies zu Bocken. Er ist beweglich wie eine Schlange und reißt sich mit unglaublichen Verrenkungen jede noch so teure Decke in Fetzen vom Leib. In der Reitstunde steht er eher auf Break Dance.

„Kennt Bodenarbeit"
Er ist leider unreitbar, daher beschäftige man den Satansbraten aus Sicherheitsgründen lieber vom Boden aus.

„Ausgebildet nach Parelli"
Der Gaul spielt sicher nicht nur 7 Spiele mit dir!

„Bei mir nicht ausgelastet"
Dieser Iron-Man in Pferdeform tänzelt sogar nach einem 90 km Distanzritt noch nervös auf der Stelle rum und schnaubt ungeduldig. Die im Schichtdienst eingesetzten 5 Reitbeteiligungen haben bereits Hornhaut am Arsch. Man hat allerdings immer einen Platz im Hänger frei, den Gaul bindet man einfach hinten dran.

„In der Rangordnung eher niedrig"
Wenn die anderen ihn an der Heuraufe schief angucken fängst er an zu weinen. Daher ist er recht "schlank". Er steht schüchtern in der Ecke rum und sieht mit den ganzen Macken aus wie ein Wellensittich in der Mauser.

„Saddlebroke"
Da kann man sogar den Google Übersetzer fragen: Der Sattel ist (bereits) kaputt.

„Überragende Grundgangarten"
Selbst mit 2-3 Ibu`s und einem Körnerkissen auf Höhe des Arschgeweihs sind die erdbebenartigen Erschütterungen kaum auszuhalten. Da der Gaul recht selten Bodenkontakt hat, braucht er nur alle 3 Jahre neue Eisen. Im gleichen Intervall ist allerdings eine Bandscheiben-OP fällig.

„E-Zaun sicher"
Wenn die Grashalme am Zaun verglühen und der Litzenabstand 15 cm nicht überschreitet kann man das durchaus so stehenlassen.

„Sehr intelligent"
Für die Boxentür benötigt er nur 2 Minuten, für den Zahlencode an der Haferkiste ein paar Sekunden mehr. Beim Reiten gilt für ihn: „Sei schlau und stell dich dumm". Noch auf dem Weg zum Putzplatz hat er deine (primitiven) Verhaltensmuster analysiert und verschiedene Lösungswege erarbeitet. Er lernt extrem schnell aus "deinen" Fehlern. Zum Aufsteigen kommt es meist nicht mehr.

„Naturwechsler"
Fliegende Galoppwechsel zeigt er ausschließlich in freier Wildbahn. In der Bahn wechselt nur die Gesichtsfarbe des Reiters, von "Natur" auf "Puter-Rot".

„Cuttingtalent"
Dieses Talent präsentiert er am liebsten in seiner Box. Dieses sogenannte "Indoorcutting"(Weben) ist aber leider nicht gerne gesehen. Aufgrund seiner Laktose-Intoleranz hat er mit Kühen nix am Hut.

„Buschpferd"
Er ist fasziniert von Flora und Fauna. Wehende Blätter erfordern seine ganze Aufmerksamkeit. Als Parteimitglied der "Grünen" ist er völlig entsetzt, wenn er im Gelände Plastiktüten sichtet. Bei Rindern, die im Frühjahr wie Autoscooter auf der Wiese rum düsen, bekommt er jedes mal einen Schub aus "Erneuerbaren Energien". Auch auf dem Reitplatz ist er extrem "umweltorientiert"(guckig).

„Anfängertauglich"
Aber nur genau 4 Wochen, länger wirken diese Langzeitdrogen einfach nicht.

„Roh"
Er hat noch nie einen Menschen zu Gesicht bekommen und steht in einer großen Herde auf einer mehrere Quadratkilometer großen Wiese. Zum "Selber einfangen" stehen dem Käufer ein Betäubungsgewehr und ein Hubschrauber zur Verfügung. Alternativ: Es wurden bereits zahllose Einreitversuche gestartet, die aber alle in mehrmonatigen Klinikaufenthalten mit anschließender Reha des erfahrenen Berufsreiters (!) endeten.

„Leichtfuttrig"
Selbst nach intensiver Suche ist der Widerrist nicht zu finden (die Rippen übrigens auch nicht) und eine 700 kg Wurmkur reicht bei seinem Gewicht leider nicht aus. Der Kandidat hatte schon mehrfach Rehe und ist auch bei der Besichtigung nur im Liegen zu begutachten.

„Total brav"
Die Haftpflichtversicherung weigert sich seit Jahren weitere Schäden zu begleichen und hat den Vertrag bereits fristlos gekündigt.

„Völlig unverbraucht"
Der Kandidat hat bislang 24/7 in einer 3 x 3 Gitterbox vor sich hin vegetiert und hat von daher recht wenige Kilometer auf der Uhr.

„Alt, aber topfit"
Wenn er 3x tägl. inhaliert und brav seine Medis nimmt ist er begrenzt im Schritt reitbar. Wie lange er das aushält sieht man dann ja selbst.

„Kinderlieb"
Solange sie sich nicht auf seinem Rücken befinden, mit einem Tretauto fürchterliche Geräusche erzeugen oder beim Rennen wie eine Horde flüchtender Pferde klingen, sind sie ok.

„Kennt Hunde"
Ja, das heißt aber nicht, das er sie auch lieb hat. Die großen, die durch seine Beine flitzen, sinnlos stundenlang bellen und ungefragt seine Weide betreten, werden sofort erlegt, die Bewohner von Handtaschen erst bei passender Gelegenheit.

„Straßensicher"
Auf der geraden Straße läuft er "sicher" ohne zu stolpern. Falls mal ein Trecker kommt ist seine Reaktion ganz unterschiedlich. Manchmal hat er Lust auf ein Wettrennen, manchmal versteckt er sich lieber im Straßengraben.

„Aus Offenstallhaltung"
In geschlossenen Räumen bekommt er Platzangst, er ist daher gerne bei kurzfristigen "Umbaumaßnahmen" behilflich.

„Aus akutem Zeitmangel"
Es fehlt einfach die Zeit, den ständig im Dorf rumrennenden Gaul wieder einzufangen oder 24 h zu beaufsichtigen.

„Schweren Herzens"
Der Sekt steht bereits im Kühlschrank und sobald das verrückte Vieh den Hof verlassen hat, werden die vorbereiteten Einladungskarten verschickt.

„E-Dressur sicher"
Er ist in der Lage mit Ausbindern und Turnieroutfit hinten anderen her zu dackeln ohne dabei negativ aufzufallen.

„Hat bereits Turniererfahrung"
Ja, aber er verließ dabei vorzeitig die Arena, bockte seinen Reiter runter und fiel in eine nahegelegene Güllegrube. Die Jungs vom THW hatten dabei weniger Spaß. Die Aktion endete mit einer Not-OP auf der Stallgasse.

„Braucht einen erfahrenen Reiter"
Man sollte langjährige Erfahrungen im Bull-Riding vorweisen können und seinen Organspenderausweis ständig mit sich führen.

„Absoluter Eyecatcher"
Er hat eine riesige Narbe am Kopf, Ohren wie ein Muli, einen Hirschhals und einen Karpfenrücken. In Kombination mit dem starken Pilzbefall und der deutlichen Lahmheit zieht er durch pausenloses Wiehern alle Blicke auf sich.

„Menschenbezogen"
Er rennt ständig bettelnd hinter seinem Menschen her und sabbert ihn von oben bis unten mit grünem Schleim voll. Nach dem Bocken bleibt er brav neben seinem am Boden liegenden Menschen stehen. Er tritt ihm ständig beim Führen auf die Füße und bei Gefahr möchte er umgehend "auf den Arm".

„Herdenhaltung gewohnt"
Das blöde Vieh kann keine 2 Minuten alleine bleiben ohne den Stall komplett zu zerlegen (das Gleiche gilt übrigens auch für den Hänger!). Beim Ausreiten braucht er natürlich einen "Escort-Service". Seine Einsamkeit dokumentiert er nahezu pausenlos mit einem fürchterlich schrillen Wiehern. Der Tinnitus ist quasi im Preis enthalten.

„Springtalent"
Ja, aber nur über Weidezäune. Die können ruhig 1,80 hoch sein. Den E-Parcours dagegen würdigt er keines Blickes. Falls er sich doch mal dazu herablässt über ein Cavaletti zu steigen, sieht das in etwa so grazil aus, wie bei einem 90-jährigen (inkl. Rollator).

Der Norweger:

Den Norweger gibt es in 2 Ausführungen:

Einmal die Version um 300 kg (mit fest installierter Fressbremse) und die Version ohne Fressbremse um 700 kg (!) Schon beim Longieren wirken, auch aufgrund seines ausgeprägten Eigenlebens, ungeheure Kräfte (Willenskraft x Fliehkraft) auf den Menschen ein (besonders bei der Version ohne Fressbremse!).

Beim Longieren hat man daher 3 Möglichkeiten:
1. Man lässt einfach los und holt ihn beim nächsten Grashalm wieder ab.
2. Man fällt hin, lässt dann los und holt ihn beim nächsten Grashalm ab.
3. Man fällt hin, lässt nicht los, wird ca. 100 m mitgeschleift und befindet sich praktischerweise direkt neben besagtem Grashalm.

Ob mit Knoti, Trense, Kappzaum oder Stacheldraht, ist dabei völlig unerheblich und ändert nichts an dem Ergebnis. Auch Zäune bringen da nur mäßigen Erfolg.

Das Reiten gestaltet sich ähnlich kompliziert. Noch bevor man den Fuß in den Bügel setzt, hat der Norweger bereits den IQ des Reiters berechnet, das äußere Umfeld gecheckt und verschiedene Lösungswege erarbeitet. Man hat bereits verloren bevor man im Sattel sitzt, aber dessen ist man sich zu dem Zeitpunkt noch nicht bewusst.
Der vorhandene Reitplatz ist für einen Norweger immer zu klein, egal welche Ausmaße er hat. Das Tragen von Knieschützern ist hier dringend zu empfehlen, da er als erstes versucht den Zaun (Eiche) mit dem Reiterknie nach außen zu drücken. Titanknieschieibenschützer sind neuerdings schon in Norwegerfachgeschäften erhältlich. Helm und Sicherheitsweste sind bei seinen "Aktionen"ebenfalls lebenswichtig.

Wütend über den Ausbildungsstand seines Reiters, ist der Norweger in der Lage, ohne jede Vorwarnung mit der Leichtigkeit eines Kung Fu Meisters, durch 5 dicke Eichenbohlen der Reitplatzumzäunung zu brechen. Aufgrund der ausgeprägten Fettschicht sind Verletzungen seinerseits ausgeschlossen. Bis auf die Schreie seines Reiters verschwindet er fast lautlos in

Endgeschwindigkeit (das ist rassebedingt der "Stechtrab"!) durch noch so kleine Türöffnungen. Dabei schrottet er mitunter sogar beide Kniescheiben gleichzeitig.

Platzarbeit ist für ihn eine völlig "sinnfreie" Beschäftigung. In der Eintönigkeit seines Tuns hat er dabei entsprechend Zeit um weitere Aktionen zu durchdenken.

Der Hals eines Norwegers kann durch äußere Einwirkungen (Zügel) nicht gebogen werden. Nur durch interne Abläufe im Norwegerhirn ist diese Funktion abrufbar.

Manche Reiter unterstreichen die Gefährlichkeit dieser adipösen kleinen Arschlöcher durch entsprechende Drachenfrisuren. Eine Rollkur als erzieherische Maßnahme ist bei einem Norweger anatomisch nicht möglich. Aufgrund von Fettansammlungen ist eine Ganaschenfreiheit nur eingeschränkt beim Modell mit Fressbremse vorhanden.

Die Lenkung funktioniert bei fast allen Modellen umgekehrt, d.h. zieht man am linken Zügel, bricht der Norweger ohne jegliche Zeitverzögerung über die rechte Schulter aus.

Kunststücke lernt der Norweger extrem schnell, solange man die erforderliche Menge Leckerlis bereithält. Zum Tragen von Sporen beim Norweger gibt es unterschiedliche Meinungen. Bei den meisten 700 kg Modellen ohne Fressbremse ist keinerlei Änderung des Gemütszustandes und der Reaktionsgeschwindigkeit zu beobachten. Bei der 300 kg Version wird vereinzelt von überlebenden Reitern berichtet. Das gleiche gilt natürlich auch für Gerten!!!

Beim Fahrsport ist es dem Norweger völlig egal, ob bei der Umsetzung seiner Ideen noch ein vollbesetzter Planwagen dranhängt. Wie schon auf dem Reitplatz kennt er auch hier seine eigene Breite fast Millimetergenau. Sollte euer Norweger wider Erwarten bestens funktionieren ist er wahrscheinlich krank, ein Plagiat aus der Türkei, oder einfach nur gut erzogen, ansonsten:

"Enjoy your daily fly with Norwegian Airline...!"

„Problemzone" Offenstall:

Spätestens nach 10 Tagen Dauerregen hört der Spaß auf. Einige "Veggie-Frikadellen" schippern mit den Fluten bereits in Richtung Nachbars Golfrasen. Da wird sich wohl nur sein Mops freuen, wenn er denn mal den "Arm" verlassen darf. Hat man es geschafft den restlichen Brei in die Karre zu bekommen, kriegt man sie im Modder kaum noch von der Stelle. Nach einem längeren Zwischenstopp (ein in der Pampe steckengebliebener Stiefel samt Socke) und minutenlangen Fluchen, kommt man völlig verdreckt beim Misthaufen an. Wäre noch die Frage, wie man die randvolle Karre mit Flüssigpampe die 49 Grad Steigung zum Misthaufen hochbekommt? Natürlich unter erschwerten Bedingungen: Im Halbdunkeln, schmales glitschiges Brett, mittlerweile völlig motivationslos und nass bis auf den "Schlübber", und natürlich ohne versehentlich in den Burggraben zu fallen. Jenem schwarzbraunem Gewässer rund um das kunstvoll aufgetürmte Mist-Matterhorn. Das ganze zum Glück ohne Beobachter, außer den beiden Hunden, die sich gerade (trocken unter dem Hänger liegend) fragen, warum man sich ausgerechnet bei dem Sauwetter so ausgiebig mit ihrer Lieblingsmaterie beschäftigt.

Farbenblind darf man bei dieser hochwissenschaftlichen Sezier-Arbeit auch nicht sein. Der Unterschied zwischen den RAL Farben 8007 „Kackebraun" und 8008 „Schlammbraun" ist recht fließend und nur mit jahrelanger Abäppelerfahrung zu erkennen.

Fehlfarben wie z.B. RAL 6029 (Durchfall 1.Tag Wiese) sind deutlich einfacher im Schlamm zu identifizieren (durch die Massen an Monsterfliegen kann man diese Haufen sogar "hören"). Diese spinatähnliche grüne Masse läuft jedoch gerne in tiefer gelegene Areale (Hufspuren) und ist äußerst schlecht rückstandslos zu entfernen.

Nach der täglichen Schlammschlacht noch schnell den bibbernden Araber eindecken, der sonst ähnlich einer Rüttelplatte immer tiefer im Matsch versinken würde. Die Regenrinnen laufen über, das Regenfass auch und das "Wasserbottiche auffüllen" gewinnt den Titel: "Die sinnloseste Tätigkeit des Tages".

Sind das eigentlich Regenwürmer oder schon Wattwürmer? Auf jeden Fall sind schon mehrere Priele vorhanden, deren Wasserstand die Stiefelhöhe locker um 20 cm übersteigt. Die Anleitung der Maukecreme ist der Lacher des Tages: Waschen und trocknen lassen (bei 100 % Luftfeuchtigkeit?), eincremen und die Beine vor Nässe und Dreck schützen (Scherzkekse! Willkommen in der realen Welt!)

Noch schnell den Zaun reparieren, weil der schmerzfreie Hafi wieder bis zum Anschlag durchhängt. Wenn der da komplett mit seinem Rüssel durchhängt ist ja kaum Strom drauf (denkt man), aber wenn man selber anfasst bekommt man nen Stromschlag à la Umspannwerk. Einen Defi braucht man im Offenstall bei dem Wetter nicht.
Aber irgendwas ist ja immer. Besonders wenn die ganze Bande den ganzen Tag ohne Aufsicht ist. Wie z.B. das Shetty, das sich wieder unerlaubt vom Grundstück entfernt hat und manchmal sogar im Verkehrsfunk landet. Zwar ohne Rollator und OP-Hemd, wie die Omis die ständig aus dem Altenheim oder der Intensivstation verschwinden, aber immerhin im Radio. "Kleiner Donner möchte aus dem Kinderparadies abgeholt werden". Wobei das "Kinderparadies" schon mal das extrem hohe Grass auf dem Mittelstreifen der Autobahn (3-spurig im Feierabendverkehr) sein kann, wahlweise auch der Spießergarten des "Lieblingsnachbarn". Was der Zwerg auf dem 2cm Golfrasen an Futtermassen vermutet hat, ist echt ein Rätsel. Warum er die anscheinend ungenießbaren, importierten Gewächse mit unaussprechlichem lateinischem Namen ausnahmslos alle ankauen und rausreißen musste, auch. Eigentlich sind das keine Pferde sondern Biber. Was die alles ankauen. Das die Hütte überhaupt noch steht ist statisch gar nicht möglich. Man könnte meinen, sobald die Heuraufe leer ist spielt die ganze Bande ne Runde "Jenga". Reihum kaut jeder nen Balken durch und wenn die Bude zusammenbricht hat man gewonnen. Sind dann ja schließlich ein paar Fresser weniger.

Sommer ist auch geil. Wo stelle ich die Bremsenfalle auf? Theoretisch müsste sie, laut Bedienungsanleitung, und damit das teure Ding halbwegs effektiv ist, beim Spießernachbarn mitten in seinem "Jacuzzi" stehen. Da wird aber sein Feng-Shui Meister nicht so begeistert sein, wenn mehrere 1000 (Wasser)-Leichen das Karma des eh schon schlecht gelaunten

Nachbarn beeinflussen, indem sie die Sprudellöcher verstopfen.

Streifenvorhänge sind auch genial. Selbst wenn man bis auf einen alle hoch hängt, hat der Araber immer noch Wahnvorstellungen und schlottert bei "leichtem" Sommerregen lieber draußen still leidend vor sich hin.

Noch schlimmer ist Offenstall bei Frost. Was man sich da MacGyver-mäßig alles ausdenkt, damit das Wasser nicht einfriert. Bälle in der Tränke funktionieren schon mal gar nicht. Nach genau 1 Minute hat der betriebseigene Vampir (Aussie 2 Jahre) sie entdeckt und seine Fangzähne reingehackt.
Also bleibt nur die Axt wie im schlechten Horrorfilm (und im Hintergrund hängt an einer Eiche die selbstgebastelte Bremsenfalle vom letzten Sommer: ein altes Brautkleid, das über einem schwarzen Gothic-Hüpfball baumelt). Passend dazu kann man auch Grablichter unter eine Zinkbadewanne stellen. Sehr praktisch: Da kann man gleich die Brennnessel-Teebeutel für seinen "Schatzi" reinhängen und die Halloween Deko ist auch schon komplett.

Bei -15 Grad haben die Äppel schon Gefrierbrand und man braucht ne Pickhacke oder zumindest Stahlkappenschuhe. Dafür kann man sie aber praktisch mit der Hand einsammeln ohne dreckig zu werden.
Oder wenn der eigentlich nicht Offenstall kompatible Hannoveraner (angeblich gehen die ja bereits beim 1. Raureif ein) schon wieder seine 400g Decke samt Halsteil geschrottet hat und das bei aktuellen -15 Grad. Das waren natürlich die Tinker. Decke "war" ja grün. Warum man nach einem Happen Microfill/Watte unbedingt weiter essen muss ist wohl rassebedingt. Die dämlichen Viecher dachten wohl, das ist (Zucker-)Watte. Man glaubt gar nicht welche Ausmaße eine explodierte 400g Decke annehmen kann. Die unglaublich vielen Wattebäusche im Paddock sehen Mitte Februar aus wie vergessene Weihnachtsdeko (aufgrund der aktueller Stimmungslage sieht es allerdings eher aus wie "Einhornkotze"!!!)
An solchen Tagen fragt man sich immer: Wozu das Ganze? Artgerechte Haltung? bla bla...

Andere pupsen zu der Zeit schon längst das Sofa voll und gucken seit Stunden Gerichtssendungen.

Am besten ist eine geschlossene Schneedecke, dann ist das ganze Elend nicht zu sehen. Nur leider "brennen" sich die frisch geäppelten Haufen durch den Schnee auf den Boden der Tatsachen, erkalten dort und werden beim nächsten Schneesturm so gut wie unsichtbar. Am Tag der Wahrheit (Tauwetter) kann man sich am besten seinen Jahresurlaub nehmen.

Wenn man mal einen Tag frei haben möchte hilft nur die Mafia-Methode: Alle Zossen rund um die prall gefüllte Heuraufe parken, dann alle Hufe in Wassereimer stellen, Fertigbeton rein, kurz warten, dann die entsprechende Anzahl an Schubkarren direkt unter den Auswurföffnungen positionieren, fertig!!!

Der Araber:

Der Araber ist extrem schön, edel und sanftmütig. Der Legende nach ist er vor vielen Tausend Jahren aus dem "Südwind" entstanden...

Ihre Sinne sind extrem geschärft. Allerdings leiden sie dadurch oft unter Angstzuständen und zeitweiligem Verfolgungswahn. Hals und Kopf werden dabei in der höchstmöglichen Position "arretiert". Mit den großen Augen, die in der Funktion einem Bewegungsmelder gleichen, scannt der Araber ständig die Umgebung ab. Die Nüstern nehmen dabei besorgniserregende Ausmaße an. Wie ein "Medium" versucht er die Umgebung (und meistens auch den Reiter) auf sich "wirken" zu lassen. Dabei macht er schon beim geringsten Anlass furchterregende Schnorchelgeräusche (die ähnlich eines Echolots zur Orientierung und Feind-Ortung dienen) oder stößt Dampfwolken aus wie ein Drache. Die Ohren sind starr in Richtung dieser, für Reiter leider unsichtbaren, Monster gerichtet.
Sind die Fluchtwege frei (und das ist seiner Meinung nach immer der Fall) schießt er aus dem Stand gerne im vollen Galopp los. Um wertvolle Zeit zu sparen, fußen dabei die Hinterfüße gleichzeitig auf, was für den Reiter (falls er sich zu dem Zeitpunkt überhaupt noch im Sattel befindet) recht unbequem ist. Im "Hasengalopp" schaut der Araber sich panisch abwechselnd nach rechts und links zu seinen imaginären Verfolgern um. Der Schweif steht dabei senkrecht wie eine Antenne nach oben, vermutlich um weitere Signale zu empfangen...

Ohne Drogen lässt sich an seinem aufgedrehten Verhalten leider wenig ändern. Auch Tonnen von Magnesium ändern rein gar nix. Ein ausreichendes Abreiten auf Turnieren ist leider nicht möglich, da er auch nach mehreren Tagen nicht ermüdet. Im Gegenteil: Nach über 300 Galoppzirkeln, nach deren Ausführung der Reiter bereits gedanklich ein Entspannungsbad nimmt, hat er grade mal Betriebstemperatur!!!

Obwohl bei den Scheichs die teuren Luxusschlitten direkt vor den Zelten parken, heizen sie lieber wochenlang (ausschließlich bekleidet mit einem Bettlaken!) auf diesen grazilen Wesen um die Wette durch die Wüste. Daher kommt ihre schier endlose Ausdauer. Araber haben auch keine herkömmliche Batterie im Arsch, sondern ein ganzes Atomkraftwerk !!!

Dadurch ist er nur bei Distanzreitern (mit entsprechend gefedertem Sattel und ausreichend Hornhaut am A....) so beliebt.

Der einstige Wüstenbewohner ist im kalten Norddeutschland fast durchgehend einzudecken. Wasser von oben verträgt er gar nicht. Nach nur 2 Minuten Starkregen bibbert das asile Weich-Ei wie ne Waschmaschine im Schleudergang. Mit reichlich Hafer lässt sich das Zittern zwar auf ein Minimum reduzieren, verstärkt aber die oben genannten Wahnvorstellungen erheblich. Ein "Abreiten" ist dann nur noch im "Schichtdienst" möglich. 40 Grad im Schatten und Wassermangel machen ihm dagegen rein gar nix aus.

Das „Showmodell":
Nach 10 Litern starkem Mokka-Kaffee, aus 100% Arabica, steht das Showmodell erst so richtig unter Strom und ist bereit für seinen Auftritt. Der Kopf wird bei diesem Modell (das im wirklichen Leben keine weiteren Aufgaben hat) immer reichlich mit Babyöl eingeölt. Er sieht damit noch erregter aus und trägt ein dünnes Showhalfter. Nur durch den starken Knick auf der Nase wird verhindert, dass das hauchdünne Goldkettchen runterrutscht und der "Heiße Ofen" als legendärer "Südwind" für immer Richtung Mekka entschwindet. Der extrem dünne Führstrick der Beduinen wirkt an den spannungsgeladenen Showhengsten eher wie die Zündschnur an einem polnischen Chinaböller. Das Ausrasieren der Ohren vor der Show will wohlüberlegt sein, da der sensible Schönling danach sogar die Flöhe auf den Hunden der Zuschauer husten hört.

Zur Komplettausstattung des Arabers gehört ein arabischer Showsattel. Er wird aus rotem oder blauem Samt und endlos vielen Troddeln und Perlen in mühevoller Handarbeit von kleinen (indischen) Mädels gebastelt. Dazu gehören noch eine gehäkelte Trense und ein Vorderzeug, die beide fast ausschließlich aus Bommeln bestehen Die Kitschigkeit dieses Komplettsets wird eigentlich nur noch von einer türkischen Wohnzimmereinrichtung getoppt.

Wer schon mal versucht hat mit einer Häkeltrense einen zum Tornado mutierten "Südwind" zu stoppen, wird wissen warum man das Ding nur zur Deko an die Wand hängt.

Der Reiter trägt nur ein einfaches Bettlaken und hat dazu stilecht einen Falken mit Maulkorb auf der Schulter sitzen (Der teure Flattermann ist aber nicht bissig, der hat bloß Vogelgrippe!).

Aufgrund seines Temperaments ist der Araber erst ab einem Tachostand von ca. 500.000 km „begrenzt" anfängertauglich!

Hier noch meine Entstehungstheorie in Kurzform :

Nach mehreren Tagen Wassermangel rief Mohammed alle Araber zu sich, kurz bevor sie einen Fluss erreichten. Nur 5 kamen zurück. Alle anderen bekamen einen an die "Batterie" und sind heute noch an diesem "Knick" zu erkennen.

Die 5 sind leider verdurstet...

R.I.P.

Das Mini-Shetty:

Manchmal fährt man an recht sonderbar umzäunten Wiesen vorbei. Sie sind komplett mit Holz eingefriedet und zusätzlich mit unzähligen Reihen Litze gesichert. Die untere so tief, dass selbst Feldmäuse beim Durchlaufen Limbo tanzen müssen. Obendrauf befindet sich (man weiß ja nie was die so vorhaben...) noch eine Reihe Nato-Draht. Schon aus 3 km Entfernung hört man die Stromschläge des Weidezaungeräts aus der "Jurassic Park Limited Edition"- Serie mit ca. 20.000 Volt laut klacken. Etwa alle 30 Minuten sieht man den Besi am Zaun entlang Patrouille laufen. In seinem Rucksack befindet sich jedes nur erdenkliche, auf dem Markt erhältliche Weidezaun-Zubehör und ein Haufen Werkzeug für den Notfall. Die sonst üblichen und universell einsetzbaren "Reparatur-Strohbänder" reichen da einfach nicht aus.

Für den absoluten "Super-Gau" steht im Schuppen zusätzlich ein Notstromaggregat zur Verfügung. In diesem Hochsicherheitstrakt befindet sich eine Horde recht merkwürdiger wolliger Gestalten, die auf den ersten Blick wie ferngesteuerte Schafe aussehen, da alle eine Art Antenne auf dem Kopf tragen. Ein besonders wild aussehendes Exemplar (anscheinend der Anführer dieser haarigen kleinen Monster) trägt zusätzlich elektronische Fußfesseln und ist angepflockt. Die ganze Bande ist obendrein mit GPRS Peilsendern ausgestattet.

Es handelt sich hierbei nicht um den Außenbereich eines Staatsgefängnisses, sondern lediglich um rehegefährdete Minishettys. Obwohl die Grasnarbe mit dem bloßen Auge kaum noch zu erkennen ist, kann man einige Exemplare fast rollen. Dem äußeren Anschein nach, sind sie mit Fressen beschäftigt, doch insgeheim beobachten sie mit Argusaugen das Treiben am Zaun. Jede noch so kleine Lücke im Zaun würden diese fusseligen Gesellen sofort nutzen, um sich zwischen zwei Stromimpulsen durchzuquetschen. Man glaubt gar nicht wie klein und dünn sich diese "All You Can Eat`s" dabei machen können. Die vorhandenen Futterstellen sind gründlicher "staubgesaugt" als so mancher Teppich und die engen Maschen der Heunetze wurden zu wesentlich benutzerfreundlicheren Öffnungen zurecht gekaut. Das Futterlager ist seit dem letzten "Einbruchsversuch" dreifach gepanzert und der Eingang wird 24 h videoüberwacht.

Diese kleinen schlauen Biester haben alle einen IQ von über 130 und sehen ja extrem niedlich aus, haben es aber faustdick hinter den winzigen Puschelöhrchen.

Für Kinder sind sie gänzlich ungeeignet: Beim Reiten machen sie kurz brav mit, aber sobald ihre innere Zeituhr abgelaufen ist (manchmal schon nach 1 Minute) geht es los. Nach einer kleinen Vorwarnung in Form eines "Head-Bang" mit ihrer gesamten Haarpracht wird der Reitzwerg einfach "abgerockt". Innerhalb von Millisekunden stehen sie mit Unschuldsmiene fressend am Wegesrand. Nur die Trense und der auf den Hals "gerockte" Sattel stören das Bild des, scheinbar schon seit Stunden friedlich grasenden, totbraven Kindertraums. Der hochfrequente Nähmaschinentrab ist auch mit einem dicken "Windel-Polster" kaum auszuhalten, geschweige denn auszusitzen. Obwohl sie genauso schnell Gras vernichten können wie ein Rasenmäher, sind sie als solcher nur begrenzt einsatzfähig, da sie auch vor dem gepflegten Golfrasen und den Blumenbeeten der spießigen Nachbarn keinen Halt machen und aufgrund ihre aktiven Verdauung dabei nahezu stündlich Tretminen hinterlassen.

Um den Kalorienverbrauch zu erhöhen kann man sie super am Fahrrad mitlaufen lassen, aber bitte nur auf der Straße, da man sonst bei jedem Grashalm vom Rad gezerrt wird. Das Arbeiten von Shettys in der Doppellonge sieht meist so aus: Nach ein paar Metern drehen sie sich blitzschnell 3x im Kreis und gucken dich (eingewickelt wie ein Rollbraten) mit einem breiten Grinsen an und scheinen zu fragen: "Na, kannst so nich lenken, wa ?"

Beim Fahren mit der Kutsche oder Sulky sollte die Deichsel ca. 1m länger sein als nötig, damit die kleinen Ungeheuer genügend "Beinfreiheit" haben. Bocken, Auskeilen und Steigen sollte bequem während der Fahrt möglich sein.

Angst kennen diese winzigen Gesellen nicht. Aufgrund der schweineartigen Quietschgeräusche ergreifen selbst riesige Warmblüter umgehend die Flucht. Auch durch die fehlende Mimik (es sind einfach zu viel Haare am Kopp) können andere Pferde den aktuellen Gemütszustand dieser kleinen Monster äußerst schlecht einschätzen und ziehen dabei oft die "Arschkarte".

Ein Shetty von nur 78 cm, das eine gesamte Herde Warmblüter wie ein Feldwebel herumkommandiert und einzelne Exemplare je nach Lust und Laune noch mal gesondert zusammenfaltet ist keine Seltenheit.
Kunststücke lernen sie sehr schnell, nutzen sie aber meistens für Eigenkreationen: In einer Art Verbeugung oder gar liegend unter dem Zaun durchfressen, steigend den Apfelbaum leerräumen oder einfach zwischendurch mal schnell nen Trick "auf den Markt schmeißen", weil ihnen gerade (mal wieder) der Magen knurrt.
Shettys sind äußerst günstig im Unterhalt. Da sie zu Rehe neigen und auch öfter mal "Auswärts" essen gehen, brauchen sie eigentlich kaum Futter. Sie sind winterhart (ähnlich wie die Stauden im Garten) und brauchen auch keine Hütte. Im Winter sehen sie auf der verschneiten Wiese aus wie weiße Rum -"Kugeln".
Man erkennt eigentlich nur an den leisen gleichmäßigen Kaugeräuschen, dass sie natürlich auch unter einer meterhohen geschlossenen Schneedecke noch in der Lage sind ihrer Lieblingsbeschäftigung nachzugehen...

"All you can eat"

Die Hausfrauenreitstunde:

Mittwochs morgens findet die sogenannte Hausfrauenreitstunde statt. Meistens auf älteren, phlegmatischen Schulpferden, es sind aber auch ein paar Privatpferde dabei. Bei den Privatpferden handelt es sich beispielsweise um einen ausgedienten Traber, der auf seine alten Tage noch mit dem 3. Gang konfrontiert wird. Auf dem Rücken dieses "Bandscheibenpulverisators" befindet sich meistens ein Kunststoffsattel mit samtartiger Oberfläche, bei dem man im Trab aber trotzdem jeglichen Bezug zum Pferd verliert, da dieses Pferdemodell erst kurz vor Durchbrechen der Schallmauer in den Galopp übergeht. Herkömmliche Reithallen reichen einfach nicht aus, um in den dritten Gang hoch zuschalten.

Beliebt sind auch ältere schwere Warmblüter, sogenannte „Gewichtsträger", mit leichtem Puschelfuß und deutlichem Bauchansatz. Der Sattel hat oft eine extra breite Kammer, über den man aber am besten nochmal mit dem Trecker drüberfährt, damit die Kammer auch wirklich weit genug ist. Er hängt aufgrund der riesigen Weidekulle direkt auf dem Widerrist. KWPNer sind auch sehr beliebt. Bei ihnen beträgt das Verhältnis Widerristhöhe zur Kopfgröße in etwa 16:9 wie beim Fernseher. Vereinzelt sieht man auch Vollblüter und Andalusier, bei denen man sich die Frage: "Hampelt der nur, oder piaffierst du gerade?" leider nicht verkneifen kann.

Noch bevor die eigentliche Reitstunde beginnt, ist dem Gaul bereits kotzübel von den ganzen selbstgebackenen Leckerlis. Die Damen haben die Zeit beim Putzen sinnvoll genutzt und die Ereignisse der Woche in "wenigen Worten" zusammengefasst: Elfriede quält sich seit Wochen mit Hämorrhoiden, Friedas endlos lange Krankengeschichte war zwar bereits bekannt, aber man kann sie einfach nicht oft genug wiederholen und Erna hat bereits 200 g in 3 Wochen abgenommen! Beim Pferde putzen wird hier auch schon mal der Akku-Fenstersauger getestet, oder mit dem Backpinsel die Hufe gefettet. Der Saugroboter hat jedoch beim Härtetest (Pferdeäpfel) kläglich versagt. Die Testläufe mit Teppich-Schaum, WC-Reiniger und Gebiss-Reinigungs-Tabs waren jedoch bei dem altem Schimmelwallach recht erfolgversprechend. Sogar die Fliegenschimmelpunkte sind verschwunden. Die größeren Pferde haben allerdings trotz aller Bemühungen noch einen Aalstrich aus Restschmutz, da die Norm-Hausfrau leider nur ca. 1,60 m groß ist. Aber dafür gibt es sicherlich bald `ne Teleskopverlängerung beim Teleshopping-Sender.

Bei der Reitlehrerin ist man sich nicht ganz sicher, ob die Reibeisen-Stimme von den ganzen filterloser Zigaretten, der fiesen Zugluft, oder den pausenlosen Kommentaren mit mindestens 70 dB kommt. Oder ob es sich bei der erhöht hinter der Bande sitzenden "Saatkrähe" evtl. doch um einen Kerl handelt? Die extrem lauten, krächzenden Anweisungen zu Sitz, Hilfengebung und Hufschlagfiguren werden nur kurz unterbrochen durch die fiesen Hustenanfälle.
Nach mindestens 8 mal "Tür frei", einem Stau an der Aufsteighilfe und etlichen erfolglosen Aufsteige versuchen, bei denen man sich fragt, welche Pflegestufe die denn alle so haben, kann es endlich im Gänsemarsch losgehen. Nach genau einer Runde kommt die Kolonne nochmal ins Stocken und es kommt zu vereinzelten Auffahrunfällen. Alle Zossen haben endlich ausgeatmet und die "Tortenheber", die sich auf den widerristlosen Modellen bereits in besorgniserregender Schräglage befanden, können endlich umständlich nachgurten. In der folgenden Runde werden dann noch mal recht umständlich, in den Taschen vergessene Gegenstände, auf der Bande abgelegt (Schlüsselbunde mit ca. 37 verschiedenen Schlüsseln und ebenso vielen Schlüsselanhängern dran, ununterbrochen piepsende Handys, die sich ab und an von der Bande vibrieren und auf dem Hufschlag landen, zerlaufene Diät-Schokoriegel und Geldbörsen in Handgepäckgröße. Hinter der Bande warten meist ein paar kläffende Handtaschenhunde, die sich anscheinend über den recht seltenen Bodenkontakt freuen.

Das schwere Warmblut bemüht sich, trotz Sporen, Gerte und der stressigen Geräuschkulisse recht erfolgreich "Ruhe zu bewahren". Im entspannten Schritt dreht es seine Runden. Die viel zu kurze Springgerte reicht bestenfalls bis zur Samtschabracke und fungiert dort eher als eine Art Teppichklopfer. Im Trab nutzt es jede Möglichkeit um Kalorien zu sparen. Die Ecken betritt es nur unter Androhung von Gewalt und man hat eigentlich die vollen 60 Minuten den Eindruck, als hätte es die Funktion eines Safety-Cars.

Der Traber hat nur "Abteilung Teeeeerab" gehört und weigert sich danach noch irgendwelchen anderen Kommandos Gehör zu schenken. Das "Warmreiten" dauert in etwa so lange bis alle puterrote Köppe vom ständigen Treiben haben, also etwa 2 Minuten. Bei der geforderten Pferdelänge Abstand wird anscheinend immer ein Schleich-Pferd zum Messen benutzt. Wahrscheinlich um bloß nicht den Anschluss zu verpassen. Das wäre für die "Muddis" ja der Super Gau, wenn den trägen Schulpferden plötzlich einfällt, dass sie Herdentiere sind und im Schweinsgalopp aufschließen.
Mit den Vorfahrtsregeln ist der Hausfrauen-Club komplett überfordert, sie reiten daher ausschließlich in der Abteilung. Die Blickrichtungen sind dabei recht unterschiedlich. Die Reiterinnen starren meistens auf den Hallenboden, wahlweise auch auf die neue Fleck-Tarn-Reithose der Vorderfrau in Größe 56 mit Golfballoptik (Cellulite). Die Pferde hingegen sind anscheinend völlig fasziniert von den Leimbindern der Deckenkonstruktion.
Trotz aller Bemühungen scheinen die abgehackten Befehle der Saatkrähe, wie z.B. "Hacken runter" und "Rücken gerade" nicht zu den Reiterinnen durchzudringen. Diese hocken teilweise in einer Art „Embryohaltung" auf den Zossen und versuchen mit pausenlosem Geschnatter und Gegacker ihre Ängste halbwegs in den Griff zu bekommen. Der Gruppengalopp entfällt meistens, da sonst erfahrungsgemäß, die halbe Truppe dringend wegen Durchfall aufs Klo muss.

Direkt nach dem ebenfalls gefürchteten Kommando "Steigbügel überschlagen" könnte man sogar ein cooles "Boobs, die Pannen Show" Video drehen. Es handelt sich hierbei jedoch lediglich um eine Gleichgewichtsübung und nicht wie vermutet, um einen Belastungstest für Sport BH`s in Doppel D.
Kurz bevor die Dinger aus der Sportversion hüpfen kommt das erlösende Kommando „Scheeerrrit". Die Schulpferde atmen auch kurz auf, da sich die Reiterhände im Trab leider völlig synchron mit dem im Sattel auf und ab ploppenden Hinterteil des Reiters bewegen.

Bei den Schulpferdesätteln ist eine Sitzfläche von 16,5 Zoll sicherlich für einen Teeny-Po ausreichend, hier gilt jedoch eher "Arsch frisst Sattel".

Die Kopfbedeckungen variieren zwischen stark ergrauter Samtkappe mit ausgeleiertem schwarzen Schlübbergummi vom letzten Reiterflohmarkt für 3 Euro, viel zu kleinem umfunktioniertem rosa Fahrradhelm und der Billigversion, die einfach immer schief auf dem Schädel hängt. Die Füße stecken meist (aufgrund des Wadenumfangs) in kurzen, viel zu großen Gummireitgaloschen, die im Sommer beim Laufen genau die gleichen Geräusche machen, wie diese labberigen Gummihufglocken. Ohne Socken klingen sie sogar wie ein Wallach beim Traben.

Die Hufschlagfiguren variieren recht stark in der Form und Ausführung aufgrund der verschiedenen Anziehungskräfte (andere Pferde, Bande, Ausgang). Beim Anfangsreiter lassen sie sich noch erahnen, der Rest steht anscheinend eher auf Eigenkreationen. Erschwerend kommen noch die ganzen Kräfte hinzu die in die entgegengesetzte Richtung wirken (Spiegel, Saatkrähe, Hunde und Kinder hinter der Bande).

Dann kommt plötzlich auch noch die Katze, die mit einem Satz auf die Bande springt, was sogar das ach so entspannte schwere Warmblut aus der Fassung bringt. In kurzer Folge ist nun genau 8-mal ein extrem lautes Zischgeräusch zu hören, welches die ganze Horde zu weiteren akrobatischen Verrenkungen anstachelt. Innerhalb weniger Sekunden kugeln sich alle Hausfrauen wie Michelin Männchen mit den selbstaufblasenden Sicherheitswesten vom letzten Kaufrausch auf dem Hallenboden. Nach dem "Luft Ablassen" und erneutem umständlichen Aufsteigen (jetzt Pflegestufe 3) kann es endlich weitergehen. Das Muster der "Schlangenlinien durch die ganze Bahn" hat starke Ähnlichkeit mit dem EKG einer schweren Herzrhythmusstörung. Bei den Kehrt-Volten an der langen Seite herrscht kurzzeitig völlige Orientierungslosigkeit. Mit diesem Kommando hatte das "Schlusslicht" ja nun gar nicht gerechnet.

Das abschießende Kommando "Zügel aus der Hand kauen lassen" bedeutet nicht nur, dass der unerzogene Gaul endlich auch mit Genehmigung den Damen die Zügel aus den Händen reißen darf, nein, es ist auch das Kommando zum draufrumkauen, während die Reiter sich in einer 4er

Quadriga auf dem Hufschlag zum abschließenden Kaffeeklatsch mit Fluppe sammeln. Hier geht es schließlich um wichtigere Themen, wie Fußpflegetermine, Hühneraugen und Kopfläuse im Kindergarten...

Man vermisst eigentlich immer die geblümten Kittelschürzen und die Lockenwickler, die nach dem Reiten wegen der hässlichen "Kappenfrisur" durchaus Sinn machen würden. Direkt nach dem Hufschlagschaufeln trifft man sich übrigens zum dringenden Besprechungskäffchen im Reiterstübchen.

Der Andalusier:

Andalusier führen bei ihren Show-Auftritten meistens eine Art "Poledance" vor, bei dem nur vergessen wurde, die Stange am Boden zu verankern. Und bei dem der Reiter (langweiliger Weise) komplett bekleidet ist. Die Stange ist sehr lang und spitz und die Zuschauer sollten dabei ausreichend Sicherheitsabstand einhalten. Der Reiter darf die schwere Stange während der ganzen Show nicht loslassen und laboriert danach recht häufig monatelang an einer Sehnenscheidenentzündung herum.

In seiner Heimat wird er immer noch bei den traditionellen Stierkämpfen eingesetzt, bei denen der arme Stier am Ende mit den vielen Spießen ähnlich aussieht wie ein "Mett-Igel".

Spanier, die sich Aufgrund ihres ADS nicht in ärztlicher Betreuung befinden, sind ausschließlich im Galopp unterwegs: Beim Anbinden, bei Ausritten, beim "still"-stehen, bei den Seitengängen und auf Shows, Paraden und Umzügen sowieso. Die anderen Modelle können auch "Spanischen Schritt" und "albernen Trab".

Der männliche Andalusier hat einen extrem überdimensionierten Speck-Nacken. Besonders bei den älteren Herrschaften (vermutlich aufgrund der Erdanziehungskraft) kippt die Mähne schließlich im Endstadium, ähnlich einer Fischflosse, zur Seite. Auf der Kruppe kommt es ebenfalls zu Fettablagerungen, was allerdings ganz praktisch ist, da dort meistens der weibliche Co-Pilot Platz nimmt. Vom BMI dieser Pferde wollen wir lieber gar nicht erst anfangen.

Der Spanier trägt bevorzugt eine fiese, rostige Kandare, deren Werdegang vermutlich in einem mittelalterlichen Folterkeller begann, einen Fliegenvorhang in Form von alten Lederfransen oder auch wahlweise ein vollkommen verknotetes Teil aus Pferdehaaren und zahllosen Bommeln, das sich "Mosquero" nennt und nervend vor den Augen des Iberers im Takt hin und her wippt. Eine gestreifte Tischdecke (Campo Tuch), die zumindest ein paar "Rettungsringe" am Hals verdecken soll, gehört auch dazu. Zur Ausstattung gehört ebenfalls: Ein extrem langen Dönerspieß, an dem vermutlich später der "fertige" Stier gegrillt wird. Der Reiter sitzt stolz und aufrecht im Sattel. Und das, obwohl er eine altmodische gestreifte Hose trägt, die bis unter die Achseln reicht, und an deren Sitz wahrscheinlich nicht nur der Designer, sondern auch die viel zu kurz verschnallten Hosenträger schuld sind. Außerdem einen alten verstaubten Filzhut vom Kostümverleih und ein reichlich kurzes Bolero Jäckchen mit Goldköpfen und Schulterpolstern, das vermutlich aus dem Nachlass eines Raubtier-Dompteurs stammt. Das Pferd hat eine, mit gelb-roten Bändern verzierte Mähne, die in Form einer "Presswurst" geflochten ist, genau wie der ebenfalls "wurstähnlich" modellierte Schweif, was die extreme Leichtfuttrigkeit dieser Rasse optisch noch mal unterstreicht.

Obwohl die Pferde verhältnismäßig klein und kurz sind, ist auf ihren Rücken faszinierend viel Platz für nachfolgenden Dinge: Ein spanischer Sattel mit 2 Galerien und schweren Kastensteigbügeln + Unterlage, natürlich der oben bereits erwähnte spanische Reiter mit Ausrüstung, der 3-4 Meter lange Dönerspieß, außerdem die gestreifte Tischdecke und ein Kissen für seine (meistens auch noch leicht pummelige) Señorita, die dabei im Damensitz und ausladendem Rüschenkleid als zusätzlicher Ballast auf dem Arsch des Iberers hockt. In der Hand hält sie wahlweise Kastagnetten (um den trippeligen Gang entsprechend zu untermalen) oder einen Fächer (da der Gaul ja fast immer auf der Stelle galoppiert, ist es im sonnigen Spanien, so ganz ohne Fahrtwind, einfach viel zu heiß). Und wenn der Gaul das bei der Hitze, mit dem weit überschrittenem höchst zulässigen Gesamtgewicht nicht mehr "reißen" kann, läuft besagte Tussi nebenher und tanzt Flamenco, möglichst im gleichen Takt, wie das auf der Stelle galoppierende Ross. Sie trägt dabei schwarze Flamenco Schuhe, die ebenso wie das Pferd beschlagen sind und aus denen die geplagten Füße ein ganz klein wenig herausquellen. Wenn es ganz "dicke" kommt spielt der Reiter dabei noch auf seiner Gitarre und singt aus voller Brust herzzerreißende spanische Liebeslieder...

..."muuuuaaahhhh!!!!!"

Als Mittelalterfan (Rüstung, Lanze etc...) kann man übrigens das zulässige Gesamtgewicht seines spanisches „Raumwunders" recht einfach und unbürokratisch bei TÜV und Dekra erhöhen...

Der Jack-Russell

"Auftragskiller im Wurstformat"

Der Jack-Russell

Am liebsten sitzt er (aufgrund seiner Beinlänge) erhöht auf einem Aussichtsplatz, von dem er sein gesamtes Hoheitsgebiet einsehen kann. Seine Familie zu beschützen hat für ihn Prio 1. Kein Feind ist zu groß, zu schnell oder zu gefährlich. Mit breiter Brust, die vorderen (O)Beine angriffslustig in den Boden gestemmt, sitzt er da. Seine Nase, die eine Maus noch 14 Tage nach ihrem Verschwinden riechen kann, bewegt sich langsam von rechts nach links. Die braunen Knopfaugen haben alles im Blick. Seine Ohren, die eine Kühlschranktür in 3 km Entfernung hören können, auch wenn man sie nachts ganz heimlich und leise aufmacht, sind erwartungsvoll aufgestellt.

In seinem Beschützer-Wahn fällt er sogar ahnungslose Radfahrer an, die eigentlich nur auf der "Durchreise" sind. Die wahre Kunst besteht darin, in die Reifen zu beißen ohne dabei in die Speichen zu geraten.

Wenn er mal allein im Haus ist funktionieren seine Sinne wie ein Medium. Sobald jemand mit dem Finger auch nur in die Nähe des Klingelknopfs kommt rastet er ohne jegliche Zeitverzögerung völlig aus. Wie eine Flipperkugel rast er kläffend durchs Haus und springt wie ein Flummi meterhoch. Dabei geht schon mal was zu Bruch, aber je lauter man den Feind in die Flucht schlägt, desto besser. Als Alarmanlage ist er nicht zu gebrauchen, da er ständig "Fehlfunktionen" hat (Freunde, Briefträger und harmlose Besucher). Auch die Tag-Nacht Einstellung funktioniert nicht, ganz im Gegenteil, er hat noch nicht mal einen Notausschalter, was so manchen Besitzer in den Wahnsinn treibt.

Trotz seiner (gefühlt nur 5 cm langen) krummen Stummelbeine entwickelt er erstaunliche Geschwindigkeiten. Bei der extremen Frequenz seiner Füße kommt es bei den Hinterfüßen öfters zu Aussetzern. Ob das nun genetisch bedingt ist, oder ob es sich hierbei eher um eine seiner "Mitleidsnummern" handelt ist nicht auszuschließen. Selbst im Galopp läuft er locker am Pferd mit. Angst hat er vor den großen Viechern natürlich nicht. Wenn er allzu aufdringlich auf der Wiese um sie rum kläfft fliegt er auch schon mal ein paar Meter durch die Luft. Aber er ist hart im Nehmen und greift quasi direkt bei Bodenkontakt seiner Stummelbeine wieder an...

Hauptberuflich ist der Jacky ein Auftragskiller.
Bereits im Vorgarten bietet sich dem Besucher ein Bild des Grauens: Der Rasen ist übersät von Maulwürfen in den verschiedensten Verwesungsstadien von "noch warm" über "aufgebläht von Leichengasen" bis hin zu "platt und vertrocknet". Mit den verhältnismäßig großen Schaufelhänden sehen sie aus wie eine Monchhichi Groß-Familie nach einem Massaker.
Auch hinter dem Haus kann man nach Fertigstellung seiner Arbeit, das vorher nicht sichtbare und doch recht weitläufige Labyrinth eines Maulwurfes bewundern, dass er mit schier endloser Geduld freigelegt hat. Bei den unendlich vielen Löchern am Zaun entlang, ist nicht so genau klar, ob er eins seiner zahlreichen Opfer verbuddeln wollte, oder ob er nebenberuflich bei einem Tiefbauunternehmen arbeitet. Evtl. war das auch nur ein misslungener Fluchtversuch. Auf seiner "Black List" stehen außerdem: Vögel, Ratten, Mäuse und Frösche. Und genau wie Alf kann er Katzen nicht ausstehen. Manchmal kommt der "Kopfgeldjäger" auch mit einer Bisamratte an, die nur unwesentlich kleiner ist als er. Dabei wackelt der (mehr oder weniger vorhandene) Schwanz wie verrückt. Man braucht nicht mal das Haus zu verlassen, er bringt alles direkt in die Küche, wo seiner Meinung nach, auch die weitere "Zubereitung" stattfinden kann.

Beim Jacky hat man immer den Eindruck, dass er gerade einem äußert wichtigen "Spezialauftrag" nachgeht. Manchmal denkt man, er arbeitet täglich eine Art "To Do Liste" ab. Darauf befinden sich z.B. folgende Dinge:
- Ohne jeglichen Anlass sinnlos stundenlang rumzukläffen.
- Die Katze des Nachbarn zu erwischen, am besten wenn sie gerade hochkonzentriert ins Blumenbeet scheißt.
- Auf irgendwelchen Füßen, Sofakissen oder Stuhlbeinen rumzurammeln.
- Auf unerklärliche Weise zu verschwinden. Gerade hat man ihn noch im Wahn irgendwo buddeln, oder auch tief und fest schlafen sehen, Millisekunden später ist er wie vom Erdboden verschluckt...
- Sich in einem toten Tier zu wälzen (direkt nach dem Baden,

ansonsten bei Bedarf) Vorzugweise nicht direkt nach deren Ableben, sondern nur in gut abgelagertem Zustand. Wenn dabei Maden in seinem Fell hängenbleiben sind sie genau richtig. Ist kein totes Tier vorhanden (wenn man z.B. irgendwo zu Besuch ist) tut es auch Hunde- oder Pferdescheiße.
- Ein äußerst wichtiges, teures oder unersetzbares Teil bis zur Unkenntlichkeit zu zerkauen. Das wird einem aber meistens erst klar, wenn man Einzelteile davon in seinen Hinterlassenschaften findet. Für die forensische Beweissicherung sind diese durchsichtigen Hundekotbeutel da äußerst praktisch...
- Ein Riesen Loch zu buddeln, mit dessen Aushub man super mehrere Hochbeete anlegen kann.
- Mind. 1-2 kg Futter pro Tag zu erbetteln (die ganzen außerplanmäßigen Aktivitäten verbrauchen ja jede Menge Kalorien)

Das Geräusch der Kühlschranktür ist dem Jacky quasi ins Gehirn gebrannt. Noch bevor in dem Ding das Licht angeht, sitzt er in Bettelhaltung schwanzwedelnd davor. Mit den kleinen Ärmchen macht er dabei Ruderbewegungen wie eine "Winkekatze". Für Leberwurst würde er sogar töten (vorzugsweise den Postboten). Obwohl er schon aussieht wie eine Presswurst ist er ständig am Betteln. Manchmal zittert er trotz Sommerhitze ganz mitleiderregend oder er versucht es mit dem "Hypnose-Blick". Manchmal reicht es auch aus, wenn man minutenlang den leeren Napf anstarrt. Wenn dabei zufällig auch noch gerade der Magen laute Geräusche macht, Perfekt!

Dosenfutter bekommt ihm eigentlich gar nicht. Das zeigt sich aber immer erst abends, und zwar meistens dann, wenn er völlig entspannt auf dem Rücken liegend und leise schnarchend neben Herrchen auf dem Sofa abhängt... Die entweichenden Faulgase haben oft die Ausmaße eines Elefantenfurzes und machen den Fernsehabend zu einem fragwürdigem Vergnügen. Den Rest seines anstrengenden Tages liegt er irgendwo eingerollt unter einer Decke und stellt sich schlafend. Sein Name ist für ihn nur Schall und Rauch, er hört nur das was er hören möchte. Und eigentlich haben ja alle Jackys den gleichen Namen: "Lecker"

Das Warmblut:

Die Überlebenschancen eines vollkommen "nackten" Warmbluts in der Wildnis liegen bei nur ca. 3%. Ihre Ausrüstung füllt oft einen ganzen Überseecontainer. Ein Standard Warmblöd mit unter 100 Schabracken ist einfach nicht überlebensfähig. Manche lagern sogar eingeschweißt und lichtgeschützt im Safe des sogenannten "Reiterzimmers". Natürlich im "unbespielten" Zustand. Diese äußerst seltenen Sammlerobjekte einer längst vergriffenen Sonderkollektion, meist in furchtbar hässlicher Farbkombi und streng limitierter Auflage (nur knapp 3 Milliarden !!!) haben einen nahezu unschätzbaren Wert für ihre "Jäger und Sammler".
Ein einzelnes Warmblöd braucht außerdem fast 50 Decken als Grundausstattung. Sommer-, Winter-, Fliegen-, Regen-, Abschwitz-, Transport-, Stall-, Führanlagen-, Übergangs-, Zebra-, Ausreit-, Nieren-, Magnetfeld- und Paradedecken. Eine Heizdecke mit Solarpanels und natürlich eine UV-Schutzdecke fürs Solarium. Alle mit genauen Daten zu Schneelast, Wassersäule, Lichtschutzfaktor und Energieeffizienz-Klasse. Unter extremsten Bedingungen an Eisbären am Polarkreis und Kamelen in der Wüste Gobi getestet. Mit Füllungen von 0 bis 800 g aus Daunen, Glaswolle oder auch komplett kompostierbar für die Öko-Freaks. Damit es unter seiner Survival-Ausrüstung nicht so schwitzt muss es natürlich geschoren werden. Das geht bei den "Zappelix" nur mit Vollnarkose, da die komplizierten Muster extrem lange dauern. Der Gaul kann ohne Decke ja nur Sekunden überleben, aber für nen Selfie reicht die Zeit bis er schockgefriert allemal.

Seine empfindlichen Beinchen stecken immer in irgendwelchen Stall-, Arbeits-, Transport- oder Hartschalengamaschen. Ohne seine Beinkleider (Gamaschen + Glocken an allen Vieren) + Schnittschutzdecke ist das Warmblut anscheinend zu blöd, auch nur eine Wiese zu überqueren. Beim Transport ist das Warmblut nahezu komplett in Hartplastik verpackt und sieht aus wie ein Spezialagent des SEK beim Einsatz in einem Krisengebiet. Lammfell darf natürlich auch nicht fehlen. Die ganzen "unnötigen" Ausrüstungsgegenstände sollen ja auf keinen Fall die dünne Haut wund scheuern.

Es gibt sogar beheizbare "Maria Hilf Riemen", vermutlich damit man im Winter nicht dran festfriert. Im Gegensatz zum Pferd ist der Reiter auch im Winter bei -5 Grad, wegen der anstrengenden Zieh- und Zerr-Übungen nur im T-Shirt im Sattel anzutreffen. Stets in Kombination mit (Arbeits-) Handschuhen und puterrotem Schädel. Die Zügel sind komplett glasfaserverstärkt und haben aus Sicherheitsgründen eine Reißfestigkeit von min. 300 kg.

Da das Warmblut in einer Art "Waldorfschule" groß wird und auch sonst keinen "Erziehungsberechtigten" hat, kann es zwar seinen Namen tanzen, aber beim Aufsteigen auf gar keinen Fall stehenbleiben. Entweder kreiselt es um die Aufsteighilfe oder man hüpft im Takt, wie bei einem Tretroller nebenher. Auch beim Reiten ist es nicht immer einfach. Besonders schwere Fälle landen auch zeitweise in sogenannten Erziehungscamps (Korrekturberitt). Dort wird einfach mal die Festplatte gelöscht. Durch einen hartnäckigen Virus (Besi) ist das ganze allerdings nur begrenzt vom Erfolg gekrönt.

Das Warmblut kommt quasi schon mit Gnubbelzöpfen und Kopperriemen zur Welt. Manchmal sogar in einer 3 x 3 Gitterbox. Wenn es Glück hat mit Fenster, das aber wegen der Zugluft stets geschlossen bleiben muss. Ähnlich wie Kälbchen, die in diesen umfunktionierten Wasserbehältern leben. Es hat sogar eine Box(spring)Matratze. Das ist Luxus pur. Ein ca. 50 cm dicker warmer "Indoormisthaufen" mit einer hauchdünnen Schicht Stroh. Ähnlich wie ein Schwerverbrecher hat es eine Zelle mit Gitterstäben und nur sehr beschränkt Ausgang (zumeist unter Aufsicht von Minderjährigen). Es hat unmögliche Tischmanieren und rülpst beim Essen ständig auf seiner Futterkrippe herum. Wasser gibt es tröpfchenweise aus einer rostigen Selbsttränke, die das verwöhnte Warmblöd oft für ein WC mit Wasserspülung hält. Es schaufelt Unmengen Hafer in sich rein, scheißt Riesenhaufen die kaum in einen Mistboy passen und leistet vergleichsweise wenig. Das entspricht leider nur Energieeffizienzklasse G. Es ist extrem suizidgefährdet und braucht auf jeden Fall eine Lebens-, Kranken- und Unfallversicherung.

Das Warmblut hat tolle schwebende Gänge, nur nicht für den, der oben drauf hängt. In der kleinen Nussschale gerät man auch bei Windstille leicht in Seenot. Mit Gelpad, Wärmesalbe und 2-3 Ibu`s sind die "überragenden Grundgangarten" leider nicht mal ansatzweise erträglich.

Das Warmblut ist im Vergleich zu einem Pony recht dumm. Es liebt dafür aber Wiederholungen, 200 Einer-Wechsel am Stück erledigt es, ohne je den Sinn zu hinterfragen. Voraussetzung dafür ist aber, dass sein Grips dazu ausreicht, es überhaupt zu lernen. Koppen und Weben dagegen lernt es sehr schnell. Kein Pony dieser Welt würde sich so ausnutzen lassen. Sie ertragen plumpsende Anfänger mit Konfektionsgröße 56, die modischen Ausrutscher ihrer Besis, jahrelange Boxenruhe und unsachgemäße Transporte von nicht reitenden Partnern (tiefergelegter Sportwagen mit 30 Jahre altem 1,5er Planenhänger ohne TÜV mit Gammelboden). Das Ganze in pferdeschonender "Colt Seavers"-Fahrweise. Wahlweise im Luxushänger mit integrierter Longen-Seilwinde, aber mit der gleichen chaotischen Fahrweise a la Elchtest.

Je nach Abstammung ist das Warmblöd ein Springbock oder ein Balletttänzer. Bei Springpferden ist keinerlei Ausbildung nötig. Sie sind kaum kontrollierbar, immer in Endgeschwindigkeit mit Tunnelblick auf das nächste Hindernis fixiert und wegen der besorgniserregenden Schräglage mit Spikes ausgerüstet. Ob sie im Parcours bocken oder springen wie ein Känguru auf Drogen ist völlig legal. Wie der Reiter dabei drauf hängt auch. Manche sind dabei so extrem schnell, dass man nur in der Zeitlupe sieht, das sie überhaupt gestartet sind. Für ängstliche Reiter, Züchter und alte Daddys gibt es noch das sogenannte Freispringen. Da hüpft der Gaul alleine, während der "Reiter" derweil beim Frühschoppen im Reiterstübchen den hölzernen 3-Satz seines Springbocks bewundert.

Dressurpferde sind ziemlich groß und multitaskingfähig. Kopfschlagen, Zähneknirschen und Zunge raus hängen lassen gleichzeitig ist überhaupt kein Problem. Sie sind auch sehr musikalisch. Im Trab und Galopp röcheln sie im Takt, wie "Darth Vader" beim Joggen. Das liegt wahlweise am Sperrriemen, der in seiner Funktion oft mit einem Kabelbinder verwechselt wird, oder an der anaeroben Gärung der illegalen Biogasanlage in seiner

Box. Die Standardversion kann normale "Schnittmuster" wie "Durch die ganze Bahn wechseln" usw.. Es hat eine tolle "Dehnungshaltung" in Richtung Hallendecke, aber nur solange bis die 40 cm langen Ausbinder montiert werden. Doppellonge kennt es eigentlich nur vom Verladen (+ Besen). Für den Anfängerunterricht hat es 2 "Seitenairbags" in der Schenkellage. Die Maulwinkel halten bei 3 cm dicken Gebissen Dauerbelastungen von je 50 kg aus, in Intervallen sogar bis 100 kg. Alle 10 Minuten sollte man nen Euro nachwerfen, damit es weiterläuft. Nach genau 60 Min. parkt es selbstständig mittig in der Halle und stellt komplett seinen Betrieb ein.

Die Reiter von Warmblütern sind zumeist Mädels. Vereinzelt gibt es auch reitende Männer, sogenannte "Helden in Strumpfhosen". Aufgrund ihrer Ausstattung (Strass am Arsch, Hundefellkragen, Storchenbeine in Lackstiefeln und Peitsche) ist zu diesen "Typen" eigentlich keine weitere Erklärung notwendig.

Das fortgeschrittene Warmblöd kann sogar Traversalen, Piaffe und Passage. Das sind quasi "Durch die ganze Bahn scheuen","Zappeln auf der Stelle" und "Macho bei Stutensichtung". Der Reiter trägt dabei einen Frack mit integriertem Brett im Rückenbereich und einen Zauberhut, in dem normalerweise Karnickel wohnen. Das Warmblut macht trotz der leisen Kür-Musik recht hektische Bewegungen. Die Beine werden dabei wie bei einer Marionette hochgerissen. Es hetzt dabei von einem Buchstaben zum nächsten wie die Tussi beim Glücksrad. Die Gebisse werden immer in Spüli gelagert, damit es in Zusammenspiel mit den hektischen Kaubewegungen richtig schön schäumt.

Für den Gewinner gibt es natürlich, na klar, was auch sonst...

    ...die 2794 zigste Decke!!!!!!!

"Mitleid-Lady"

fragt Dr. Facebook

Teil 1

„Mitleid-Lady" fragt Doktor Facebook:

Teil 1

Frage von "Mitleid Lady" in einer Facebookgruppe:
"Mein Pferd läuft so komisch, kann mir hier jemand sagen was das sein könnte?"
Dazu gibt es noch ein Foto (wegen der Aufmerksamkeit!), ein diagonal aufgenommenes "Kopffüßler"-Bild (Friesenschädel direkt von vorne fotografiert) auf dem der Bewegungsapparat nicht mal zu erahnen ist.

Nach knapp 5 Sekunden hat das besagte Pferd bereits per Ferndiagnose PSSM, akute Rehe und einen unpassenden Sattel (obwohl der gar nicht abgebildet ist) und obwohl Vet, Schmied und THP sofort informiert und bereits unterwegs sind (zu später Stunde am Feiertag, es eilt ja....) geht die Diagnosefindung per FB rasend schnell weiter.

"Sab Ine" aus Köln empfiehlt einen 45 cm kurzen, baumlosen Sattel, aus der "Pappe statt Kunstleder" Kollektion, der keinesfalls auf die Nierengegend drücken darf und per Computer angepasst werden sollte. Nach einem kurzen Blick auf das Profilbild von "Mitleid Lady" empfiehlt sie dazu einen 19(!) Zoll Sitz.
"F Riesenbaby" empfiehlt eine Thermographie nach 3 stündigem Reiten mit einem zu langen und unpassenden Sattel am besten ohne Pad.
"Fairy Tail" rät zu mehreren Sitzungen mit einen Tierkommunikationskomiker. Ihr Einhorn würde sich danach schon deutlich besser fühlen und sie jetzt nur noch gelegentlich abbuckeln.
"Weiß auch nix" vermutet bei dem erst 27 Jahre alten Zossen ein Geburtstrauma: "Das ist ja noch ein Baby!"
Aufgrund des aussagekräftigen Fotos zieht " Schakkelin 21" einen schweren Fütterungsfehler in Betracht und schlägt eine Umstellung auf laktosefreie Heucobs vor.
Daraufhin postet "Mitleid Lady" eine Liste der Tagesration ihres Pferdes, die Anlass zu weiteren besorgniserregenden Kommentaren gibt.
Füttern Besi und SB das richtige Mifu?
Wie viel Kilo Hafer darf ein Pferd 3x tägl. Bei 24/7 fetter Kleewiese ohne

jegliche Arbeit und natürlich ohne Fressbremse bekommen?

Zur Aufklärung der akuten Lahmheit wird nun ein 12 Sekunden langes Video gepostet, in dem man das besagte Pferd (Friese mit "Black-Sheep" Half Neck-Winterdecke in absoluter Mondfinsternis) ein paar Meter auf einer hartgefrorenen Wiese rumstaksen sieht, oder auch nicht, denn eigentlich sieht man nur das Swarovski besetzte Markenlabel auf und ab hüpfen.

Wenige Millisekunden nach Veröffentlichung des hochauflösenden Videos kommen weitere hilfreiche Kommentare im Sekundentakt: Eine nicht artgerechte Haltung im Offenstall mit direkt anschließendem "Extrem-Trail" bei Minus 5 Grad ist ein Fall für den Tierschutz. Zur Unterbringung in einer Gitterbox wird schnellstens geraten.
Beim geposteten Video wird in Sekunde 7:09 am Horizont ein nicht pferdegerechter Zaun aus Baustahlmatten vermutet.
Bei Sekunde 11:89 gähnt das Pferd, was immer ein Zeichen starker Schmerzen ist.
Daraufhin werden haufenweise Links von Pferdezahnärzten und Problempferdegruppen gepostet. Die Empfehlung starker Schmerzmittel löst einen längeren Shitstorm über Doping aus und man rät der Besitzerin ihr Pferd schon mal vorsorglich auf die Warteliste für eine Spenderleber zu setzen.
Laut "Hella B "hat das Pferd (unter der Decke) bereits stark atrophierte Rückenmuskeln! (als Lösungsvorschlag enthält der Kommentar einen Link zum Aufbau der Unterhalsmuskulatur!)
Sofort in die Klinik ein MRT machen! (bleibt die Frage: Wie man das adipöses Friesentier in die Röhre bekommt?)
Effektive Mikroorganismen beim nächsten Vollmond aufs Bein sprühen, haben bei meinem Wellensittich auch super geholfen, als der sich das Bein gebrochen hatte!
"Wendy aus L." fragt: Wo hast du denn das tolle "Päd" her?
"Regina M aus K" vermutet, dass das Warmblöd versehentlich auf einen dieser gefährlichen Pisspötte getreten ist und ruft zu einer Sammelklage gegen das Möbelhaus auf.
"Mein Beisteller trägt Prada" rät dazu, das Pferd unbedingt mit

Hartschalengamaschen aus der neuen Offenstall-Kollektion auszustatten.
"Tinka-Bell" meint : Erstmal 1-2 Jahre wieder wegstellen! Es wurde ja viel zu früh gearbeitet.
"Kat A Rinchen" postet daraufhin zur Info das Wachstumsfugenbild eines 27-jährigen Pferdes.
"Chantal 14" mit langjähriger virtueller Ponyhoferfahrung rät dem Besi, "die Hufen" gründlich auszukratzen.

795 Kommentare später...

es wurden bereits etliche Fotos von eigenen leidenden 3-Beinern, Kommentare ohne jeglichen Zusammenhang, verschiedene Kredit-Angebote, Vergleichs-Videos bei völliger Dunkelheit, Beschimpfungen und Mitleidsbekundungen jeglicher Art gepostet - geht es mittlerweile um die Frage, ob Pferde mit Zebradecken häufiger vom Wolf gerissen werden?!?

Habe ich was vergessen? Ach ja, um was ging es eigentlich?

Der "Friese":

"Oranje boven"
Ursprünglich war der Friese, ein speziell für die Königin der Niederlande gezüchtetes, imposantes oranges Kutschpferd mit endlos langer oranger Lockenpracht und spektakulärer Knieaktion. Da es aber ziemlich müßig war zur Parade am "Königinnentag" mehrere tausend orange Zossen sauber zu schrubben, kam man auf die Idee, nur noch tiefschwarze und somit pflegeleichte Friesen zu züchten. Die noch vorhandenen orangen Exemplare wurden kurzerhand Lackschwarz umgefärbt. Vereinzelt sind heute noch solche umgefärbten "Oranier" im Umlauf. Sie wurden damals durch ein Zungentattoo gekennzeichnet und von der weiteren Zucht ausgeschlossen. Sie besitzen noch den alten orangefarbenen königlichen Equidenpass. Mithilfe von genetisch verändertem Erbgut und massiver Inzucht gelang es schließlich die einzige Pferderasse der Niederlande so aufzupeppen, das daraus ein allseits beliebtes, etwas unbeholfen wirkendes schwarzes Riesenbaby mit albern anmutenden Gängen entstand.

Der Friese hat einen üppigen und sehr langen gelockten Schopf, der zwar "Heel mooi" ausschaut, ihm allerdings fast komplett die Sicht versperrt. Aus diesem Grund macht er zeitweise einen leicht desorientierten Eindruck und neigt zum Stolpern. Um überhaupt schemenhaft etwas sehen zu können, streckt er seinen langen Hals in etwas unnatürlicher Aufrichtung in den Himmel. Diese spezielle Halskonstruktion ermöglicht es dem Friesen, sich aufzurichten und gleichzeitig komplett aufzurollen. Diese natürliche Aufrichtung und die Veranlagung zur Rollkur ist rassebedingt so gewollt und äußerst praktisch, da er so besser das weite platte Land seiner niederländischen Heimat überblicken konnte. Der Friese hat eine meterlangen Mähne, die ebenfalls "Heel Mooi" ist, aber auch sehr pflegeintensiv. Nach 3 Tagen Wiese ist sie komplett verknotet, teilweise verfilzt und voller Kletten. Mitunter verfangen sich sogar ganze Äste darin. Das gleiche gilt auch für den Schweif.

Durch die ständigen Frisörtermine ist der Friese im Unterhalt ein recht teures Vergnügen. Die älteren Modelle müssen dabei auch noch ständig nachgefärbt werden. Der Rücken eines Friesen ist verdammt lang und hat die Form von 2 aneinandergereihten schwarzen Ölfässern. Dadurch ist es leider nicht möglich Sättel rutschfest auf ihm zu verankern, was besonders für Reiter ab Hosengröße 48 ein echtes Problem (nicht nur) beim Aufsteigen darstellt. Das Fell des Friesen ist teilweise sehr rau, was vermuten lässt, das damals versehentlich auch Genmaterial eines Rauhaardackels verwendet wurde.

An den Füßen befinden sich 4 schwarze Cheerleader-Puscheln, der sogenannte Kötenbehang. Dieser erfüllt sogar gleich mehrere Aufgaben: Durch die extremen Puscheln wird die alberne Knieaktion optisch noch verstärkt. Außerdem soll er (z.B. beim Verkauf an ahnungslose Freizeitreiter) die rissigen und bröseligen Hufe komplett verdecken. Mit Hilfe des Behangs ist ein Schmied überhaupt erst in der Lage, bei diesem Bewegungs-Honk gefahrlos die Hufe hochzuheben. Und die vielen auf dem Markt befindlichen speziellen Mauke-Mittel muss ja auch jemand kaufen.

Der Friese besitzt bei seiner Geburt 2 Gänge: Albernen Schritt und albernen Trab. Galopp ist für den Friesen aufgrund von Koordinationsschwäche/ Faulheit nur begrenzt möglich und auch erst nach minutenlangen extrem unbequemen Trabverstärkungen möglich, bei dem sich die Reiterbandscheiben in Pulver auflösen. Sein Lernverhalten gleicht dem eines 80-jährigen und seine Reaktionen sind extrem zeitverzögert. Beim Rückwärtsrichten z.B. guckt er erst mal minutenlang seine Vorderfüße an, und überlegt dann noch eine gefühlte Ewigkeit, welchen er davon zuerst bewegen soll. Beim sogenannten "Spanischen Schritt" lernt er, seine behaarten Tellerminen mit Hilfe eines Taktstocks noch höher zu reißen. Er ist sogar in der Lage weitere Kunststücke zu lernen, wie verbeugen, hinlegen usw. Allerdings müssen dabei vom Besitzer sehr laute Klicker-Geräusche erzeugt werden. Vermutlich um ihn dabei wachzuhalten.

Unter dem Sattel sieht man ihn meistens im Mittelalter Look. Er trägt eine Ritter-Trense, die seinen Schädel noch etwa 20cm länger erscheinen lässt. Der Sattel mit einer Kammerweite von Minimum 38-40 ist meist spanischen Ursprungs. Dazu gehört noch eine vergoldete Antik-Schabracke, die den 2 Ölfässer langen Rumpf optisch verkürzen soll (und unter der sich vermutlich Unmengen doppelseitiges Klebeband befindet). Der Sattel hat kastenförmige Steigbügel, die praktischerweise auch als Sporen für das schmerzfreie Schlachtross eingesetzt werden können. Der Reiter präsentiert sich dabei, mit vollkommen natürlich wirkender, weiß gepuderter Mozartperücke und albernem Dreispitz mit Pfauenfeder obendrauf. Der sogenannte "Barockreiter" trägt außerdem (wäre ja auch schlimm, wenn er sonst nix an hätte) ein verblasstes altrosa Mittelalterkostüm mit Rüschen an den Ärmeln und am Ausschnitt, eine weiße Reithose und Reitstiefel mit Stulpe, was in dieser Kombination einen mehr oder weniger schwulen Eindruck hinterlässt.

Vor der Kutsche ist er meistens im 2er oder 4er Pack unterwegs. Da er ohne Hufeisen dabei keine 100 Meter weit kommen würde, ist er rundum beschlagen. Aufgrund der Schopf-Problematik in Verbindung mit den Scheuklappen ist man dabei allerdings fast im Blindflug unterwegs. Da wird die Fahrt mit der weißen Hochzeitskutsche im doppelten Sinne "Eine Fahrt ins Ungewisse!" Das Ganze ist auch recht laut und unromantisch, da die 16 auf den Asphalt donnernden Hufeisen einen Höllenlärm verursachen.

Da die Schwarzen (In-)Zuchtperlen offensichtlich nur sehr schwer von anderen Equiden zu unterscheiden sind, hört man fast täglich die Frage:

"Awwwww, ist das ein Friese?"

Da hilft nur eins: wieder umfärben...

"Oranje boven"

"Mitleid-Lady" fragt Dr. Facebook Teil 2

„Mitleid-Lady" fragt Dr. Facebook:

Teil 2

Der lahmende Friese ist dank FB bereits geheilt, was seltsamerweise in direktem Zusammenhang mit dem Auftauen der Wiese stand. Doch nun hat ihr "Seelenpferd", ein Tinker (von Beruf "voll reitbarer Beisteller" seit Jahren "Arbeitssuchend") schlimmen Durchfall und Kotwasser!!!

"Hallo ihr Lieben... (es folgt ein Text, der in allen Einzelheiten das Ausmaß der Katastrophe beschreibt!)

Das mit rosa Herzchen verziertes Foto eines adipösen schwarz-gelben Puschelfüsslers springt einem beim runter scrollen direkt ins Auge. Und schon Sekunden später läuft die erst kürzlich mit dem "Oscar für aktive Sterbehilfe" ausgezeichnete Facebook Gemeinde zu Hochtouren auf.

"Chantal 87" : "Och, der Arme tut mir sooooo leid!"
"Hotte Hüh" rät zu altbekannten Hausmitteln (meint sie damit Cola und Salzstangen?)
"Kleiner Donner" vermutet Kolibakterien im Heubedampfer und empfiehlt die Zugabe von handelsüblichen Gebiss-Reinigung-Tabs (die von Oppa?)
"Frau Schmitt" aus dem Ruhrpott (hat wohl schon mal ein Pferd im Fernsehen gesehen...) schlägt vor, das arme Tier umgehend zu einer Apotheke zu transportieren, da würden ja alle Pferde kotzen, dann würde es ihm sicher bald bessergehen.

Zur Verdeutlichung des Problems folgen 3 Fotos aus dem sozialen Brennpunkt "Offenstall":

Foto 1: Eine spinatähnliche Masse, übersät mit farblich dazu passenden Monsterfliegen.
Foto 2: Eine ganze Karre voll spinatähnlicher Masse mit noch mehr Monsterfliegen.
Foto 3: Als absolutes Highlight ein Foto in Großaufnahme mit mindestens 12 Megapixel vom Kotwasser, das gerade in braun-grünem Rinnsal die zartrosa Rosette verlässt.

Es folgen abwechselnd Mitleidsbekundungen und Links zu Biogasanlagen und Güllebehältern mit enormen Ausmaßen.

"Bella Donna" schlägt eine ganzheitliche homöopathische Behandlung vor. Sie hätte das passende Mittel bereits mit Hilfe des 3. Fotos ausgependelt. Zusätzlich empfiehlt sie eine 5 cm dicke Kupferplatte im Liegebereich zum Schutz vor kosmischer Strahlung und einen Feng-Shui Meister zur optimalen Raumgestaltung.

Das Foto 3 hat mittlerweile 384 Likes!!!!!!!!

"Mitleid Lady" stellt (wohl aufgrund der allgemeinen Begeisterung) noch schnell ein 56 Minuten (!) langes Video ein. Darauf sieht man einen Tinker umherwandern, der offensichtlich nicht vor laufender Kamera „Groß" machen möchte.
Ihr müsst euch das in etwa so vorstellen, wie bei diesem albernen Bauern-Wett-Spiel: "In welches Feld scheißt die Kuh?"

"Gron Pri" vermutet einen Suizidversuch aufgrund von Mobbing durch die vielen (1) Artgenossen und empfiehlt sofort den Magen auszupumpen. Danach die Unterbringung in einer geschlossenen Anstalt (fensterlose Gitterbox mit Anti-Web-Aufsatz) und anschließender Paar-Therapie.

"Bibi Blocksberg" rät: "Gegen den Grünstich in der Mähne kannst du am besten Backpulver nehmen!"
„Mitleid Lady" meint sich erinnern zu können auf der Equitana 2010 eine Antik-Schabracke ohne Markenlabel gekauft zu haben. Das könnte der Auslöser für die schweren Depressionen und dadurch bedingten nervösen Durchfall des irischen Rassepferdes sein (seine Vorfahren heißen übrigens alle "Unbek.").
"Lillifee" vermutet eine Löwenzahnvergiftung und empfiehlt die Wiese mit einem Pflanzenschutzmittel in dreifacher Dosierung zu spritzen. Das Tragen von Atemschutzmaske und Schutzkleidung wird empfohlen.
„Mitleid Lady" fragt besorgt an, wo sie in der Zeit ihre beiden "Babys" lassen soll?
Antwort von "Lillifee": „Die beiden können natürlich dableiben, das Zeug ist für Pferde völlig harmlos, aber die vom Aussterben bedrohten Insekten

(meint sie damit die Monsterfliegen?) müssen vorher evakuiert werden."
(evtl. in die nahegelegene Turnhalle?)

Das Foto Nr. 3 hat mittlerweile 591 Likes!!!!!!!!

"Ponyhof_ 05": "Ach Gott, ist der knuffig!!!!!!!!"

"Ara Bär Li" vermutet Stress, evtl. ausgelöst durch eine Gruppe fanatischer Offenstallbesitzer, die mittlerweile tägl. die Gegend mit ihren Kampf-Chihuahuas nach Wölfen durchkämmen, welche dabei natürlich artgerecht in Handtaschen transportiert werden.
"Mitleid Lady" zieht in Erwägung, ob es evtl. an den 25 Kilo nicht eingeweichten Rübenschnitzeln liegen kann, die ihr "Schatzi" beim nächtlichen Alleingang in der Stallgasse "gefunden" hat.
"Besser is das" rät ihr aufgrund der aktuellen Sachlage (Explosionsgefahr) lieber in Deckung zu gehen.
"Kalti-Power" gibt zu bedenken, dass die OP-Versicherung bei rassebedingten Fress-Attacken die Kosten für eine Kolik-OP nicht übernimmt !!! Ihr geliebter "Goliath" (ein 1200 Kilo Kalti incl. 100 Kilo "inhaliertem" Quetschhafer) wäre danach unglücklicherweise auch noch auf der Regenbogenbrücke eingebrochen. R.I.P.

Ca. 12 Minuten später...

Foto Nr. 3 hat mittlerweile 1207 Likes gefolgt von den Biogasanlagen und dem Kalti mit dem Totalschaden auf der Regenbogenbrücke.

So ihr Lieben, ich hoffe ihr hattet nicht so einen "beschissenen" Tag...

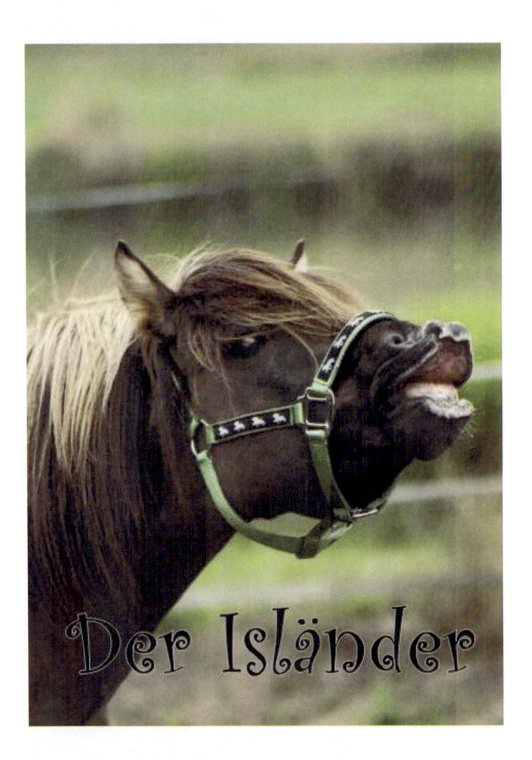

Der Isländer:

Feuer und Eis....
In Island gibt es Gletscher, Geysire und Vulkane. Der größte Vulkan hat den recht einfach auszusprechenden Namen "Eyjafjallajökull". Das klingt in etwa so, als wenn man 3 Isländer gleichzeitig ruft. Durch die extrem heißen und unebenen Lavafelder entwickelten sich die schnellen trippeligen Gänge des Isländers. Es sieht aus, als würden sie über glühende Kohlen laufen und kaum den Boden berühren. Die Hufe werden dabei möglichst hochgerissen, um in der verlängerten Flugphase noch besser abzukühlen. Manche Isis heißen daher auch so ähnlich (Fakir oder so...)
Ähnlich wie ein Auto hat er 4 bis 5 Gänge. Er hat nur leider meistens einen mehr oder weniger schweren "Getriebeschaden". Die isländischen Kommandos für Pass und Tölt sind anscheinend auch wahre Zungenbrecher, sonst könnte man ja einfach das Stimmkommando geben.
Außer Schritt Trab und Galopp, gibt es den Pass, quasi den "Kamelgang". Freizeitreiter, die nicht so genau wissen, in welcher Stellung sie den Kopf dabei arretieren müssen, sind oft im sogenannten "Schweinepass" unterwegs. Dabei fehlt die Schwebephase und das Ganze sieht dann so aus, wie ein Kamel mit einer fiesen Huflederhautentzündung.
Tölt kann man sich am besten so vorstellen: Eine Oma fährt im Auto im 1.Gang los und beschleunigt, ohne zu schalten (das machen Omas immer so!) auf ca. 50 km/h. Nur das der Isi dabei nicht so extrem aufheult wie der überdrehte Motor der Seniorenkarre.
Bei den Islandpferdereitern scheint es sich um echte "Weicheier" zu handeln. Sie tragen (auch im Hochsommer!!!) einen selbstgestrickten kratzigen Islandpulli aus (ökologisch wertloser) ungewaschener Schafwolle. Und darüber noch einen wasserdichten, und wahrscheinlich nicht atmungsaktiven Overall. Da er zusätzlich mit dicken Teddyfell gefüttert ist, sieht man in dem Ding so aus, wie ein "Sumo Ringer" in einem Motorradkombi. Darunter tragen sie eine Jodpurhose und statt langer Reitstiefel, nur kurze Stiefeletten, vermutlich damit das "Schwitzwasser" besser ablaufen kann. Im Winter kommen noch heizbare Einlegesohlen, ein Thermositzkissen und ein umfangreiches Sortiment aus Hand- und

Taschenwärmer dazu. Die dazugehörige Autobatterie wird einfach in der Satteltasche verstaut. Sie haben besonders gepolsterte Rippsättel, obwohl ein Isi ja eh schon saubequem zu sitzen ist. Der Sattel hat viel zu lange Trachten, und sieht aus wie ein Katamaran, der in der Nierengegend auf "Grund" liegt. Die "Sicherheits"-Steigbügel sind immer total verbogen und haben anscheinend schon einige "Abgänge" hinter sich. Die Trense ist hannoveranischen Ursprungs und anscheinend nur in WB Größe zu bekommen, da sie immer viel zu locker sitzt und komplett auf der Nase hängt. Aufgrund der Kopf und Halshaltung reichen Minishettyzügel völlig aus. Isis haben immer sonderbare Namen aus der Zeit der Wikinger und ihrer Götter, die man mit einer normalen Tastatur nicht mal schreiben, geschweige denn aussprechen kann.

Manche "Easy-Rider" haben ihre Zossen anscheinend gar nicht so lieb, das sieht man aber erst bei der Übersetzung der Namen:
z. B. : Roni = "Penner" Skratti = "Teufel" Eyoir = "Zerstörer"

Isis sind extrem klein und haben Sommer wie Winter so viel Fell wie ein Bison. Die Mähne wächst wie Unkraut in alle Himmelsrichtungen und für echte "Vulkanier" haben sie viel zu kleine Ohren. Sie sind sehr stabil gebaut und haben Beine wie ein Schwerlastregal. Deshalb können Isländer auch extrem viel schleppen. Ihre Größe in cm gibt exakt die max. Zuladung in kg an.

Es gibt sogar Turniere und Meisterschaften für die kleinen Zotteltiere. Wie in der Formel 1 hat der Isi eine Rennstrecke: Die Ovalbahn. Im Passrennen geht es dort z.B. um die sogenannte "Kamel-Trophy". Im Tölt liefern sie sich heiße Duelle, manchmal auch gegen die oben schon erwähnten Omas (ohne "Schaltambitionen"). Mit fliegenden Hufen und hochgerissenem Köpfen knattern die kleinen Workaholics mit extrem weit hinten sitzenden Reitern in die Runde. Die Reiter sehen dabei aus, wie Wikinger in "Strumpfhosen", die völlig erschütterungsfrei auf Kinder-Plüschpferden mit Rollen drunter, ihre Runden drehen. Um den viel zu weit hinten positionierten Reiter auszugleichen, tragen sie dabei an den Vorderhufen schwere Gewichte, welche bei der max. Zuladung aber zu vernachlässigen sind. Ab und an fährt ein Safety-Car die Strecke ab, um die ganzen abgefallenen Gewichtsglocken und Ballenboots einzusammeln.

Bei den in Deutschland lebenden Isis tropft ständig irgendwo Öl raus. Man könnte meinen, dass es sich aufgrund der "Schalt-Problematik" um Getriebeöl handelt. Nein, der im Exil lebende/leidende Isi muss mind. 5 x täglich wegen seinem Ekzem mit teuren Spezialölen (oder kostengünstig mit Altöl) eingerieben werden. Man kann das durchaus auch "auspendeln", oder seinen Offenstall nach Feng-Shui einrichten, aber der "Mist" hilft eh nix. Er trägt 24/7 seine maßgeschneiderte Ekzemerdecke, die aussieht wie ein gelungener Mix aus Strampelanzug, Zwangsjacke und Wurstpelle. Sie besteht aus mehreren Teilen und hat unzählige Ösen und Verschlüsse. Die Montageanleitung einer solchen Decke ist in ihrem Schwierigkeitsgrad durchaus mit einer Schrankwand vergleichbar. Dazu trägt er eine Fliegenmaske mit viel zu langen Ohrhüllen. Am wirkungsvollsten ist die, mit den schielenden Augen drauf. Es sieht dann einem Opossum zum Verwechseln ähnlich und wird von den Plagegeistern komplett verschont. Ähnlich wie ein Vulkan brechen die kleinen auch mal aus, sei es in Form von Temperaments- Ausbrüchen, oder aus der total kahlgefressenen Wiese. Fast Food (fette grüne Wiese) verträgt der kleine Vulkanier gar nicht!

Die in Island lebenden Exemplare ernähren sich spärlich von Moosen, Flechten und anderen (Un)Kräutern. Es gibt dort weder blutrünstige "Flugobjekte", noch irgendwelche Bäume, an denen man sich den "Arsch aufreißen" könnte. Aufgrund des Einreiseverbots, ist ein Kur-Aufenthalt der haarlosen deutschen Exemplare in Island leider nicht möglich.

Isländer werden oft weit über 30 Jahre alt und können sogar bis ins hohe Alter noch geritten werden. Da sie die Füße dann nicht mehr ganz so schnell hochbekommen, sollte man in dem Alter nicht mehr über glühende Lavafelder knattern...Von den Isis kommt übrigens auch der Ausdruck: "Heiß gelaufen"

"lítill vulcan með gírkassa bilun"

das heißt: "Kleiner Vulkanier mit Getriebeschaden"

das passt immer...

"Mitleid-Lady"

fragt Dr.Facebook
Teil 3

„Mitleid-Lady" fragt Dr. Facebook:

Teil 3

Frage von Mitleid Lady: "Wie mach ich denn den Dödel von meinem Friesen sauber?"

Dazu postet sie ein Foto in Großaufnahme. Es zeigt das total verkrustete schwarz-rosa gescheckte "Ding" ihres Friesen.

"Ponyhof_05": "Igitt, das is ja voll eglisch"

"Vati" rät: "Mindestens 3h auf eine Rüttelplatte stellen, dann fallen die Schuppen ab."

"Friesenbaby" meint: "Mach da am besten sofort diese Spezial-Salbe drauf. Das sieht aus wie Equines Sackoid."

"Mitleid Lady": "Nee, das is nicht am Sack, das ist ein Wallach. Der hat schon lange keinen mehr!"

"Chantal 2001": R.I.P.

"Helga K" rät dazu 1 Liter Salatöl in die Schlauchtasche zu sprühen.

"Mitleid Lady": "Wo bekomme ich denn eine Schlauchtasche her? Kannst du mir bitte einen Link schicken?"

"Unicorn 07": "Gibt es die Schlauchtaschen auch in pink?"

"Das ist ja gar kein Friese, der hat ja helle Abzeichen am Schniedel! Das ist sicher ein Barockpinto."

Es folgt eine längere Diskussion über "Schwanzfarben" und ihre korrekte Bezeichnung (Overo, Tobiano usw.).

"Chantal 17" fragt vorsichtig an, wie und wo man das im Equidenpass einzeichnet. Die Seite würde bei ihr fehlen.

Elfriede H.: "Das Pferd auf dem Foto sieht genauso aus wie mein Hannibal, genau die gleiche Blässe!"

„Chantal 2001" empfiehlt: "Elfriede, deine Brille setzt du jetzt besser nicht auf!"

"Schakkelin" schickt die Bauanleitung für ein kostengünstiges Phantom aus 27 Paletten und 3 Regentonnen. „Dann brauchst du dich dabei nicht bücken."

"Marko M": "folgen"

"Alissa K.": "Hey Marko M, sieht dein Ding etwa auch so aus?"

"Dreck Sack" empfiehlt: "Auf keinen Fall saubermachen, das zerstört das mikrobiologische Gleichgewicht."

"Alissa K.": "Manche Männer denken das wohl auch..."

"Laborratte 95" rät: "Wasserstoffperoxid, das brodelt so schön..."

"Wie willst du den denn in einer Sekunde waschen? Länger macht er das freiwillig sicher nicht mit!"

"Klausi": "Das Problem kenne ich, wenn ich den Hochdruckreiniger angeschlossen habe, ist er verschwunden."

"Bella Donna" empfiehlt eine Fußreflexzonenmassage bei dem Friesentier, um das lichtscheue Schuppentier herauszulocken.

"Iiiiiiihhhhh, warum willst du das tun?"

"Das ist eindeutig Sonnenbrand. Wie lange hing der denn raus? Da gibt es doch so Lichtschutzmasken mit Klett."

"Versuch zuerst mit Gummihandschuhen und Spüli an den Händen nen Aal zu waschen. Wenn du das schaffst, kriegst du das sicher auch hin..."

„Heiko G": "Pass bloß auf, dass dich keiner dabei filmt!"

Marko M hat mittlerweile die Gruppe verlassen...

"Effektive Mikroorganismen drauf sprühen!"

„Mitleid Lady": "Wie sollen denn so winzige Tierchen so dicke Klumpen essen?"

"Zieh dir bloß Handschuhe an, sonst bekommst du Herpes oder sonst was!!!

"Sofort amputieren!!! Der fällt eh bald ab"

"Heißwachs! Nach dem Abziehen passt er farblich auf jeden Fall zu der pinken Schlauchtasche."

„Tobias L": "Ich hab jetzt nicht alles gelesen, aber ich würde sagen, die Tupferprobe für die Alte kann man sich schenken..."

„Ich kann dir Professor Dr. Vollpfosten von der Tierärztlichen Hochschule in Posemuckel empfehlen, der ist eine "Konifere" auf dem Gebiet der Schlauchamputation."

„Fairy Tail" meint: "Da gibt es doch ne extra Gruppe hier auf FB. Schau da doch mal rein!"

„Mitleid Lady": "Oh super, wie heißt die denn?"

"Süße Pferdefiguren aus Smegma 2.0!"

Reitbegleithunde:

Der Shepherd

Der Shepherd:

Der Shepherd ist ein sportlicher Typ. Das sieht man schon an seinem Fressverhalten. Ganz anders als ein Retriever, der den kompletten Inhalt eines Mülleimers oder das Grillfleisch für 10 Personen in Sekunden verdrückt und sich danach noch mit wachsender Begeisterung 2 kg Sauerkraut reinwürgt, um das Ganze schließlich (natürlich unfreiwillig) wieder auszukotzen, frisst der Shepherd nur soviel wie er braucht. Sein Auftrag ist die 24 stündige Observierung seines Besitzers. Seine Herde besteht meistens nur aus einem "Schaf". Anders als ein Detektiv gibt er sich dabei jedoch überhaupt keine Mühe, diesen Job auch nur annähernd "Undercover" zu erledigen. Ganz im Gegenteil, ständig schiebt er seine feuchte Nase unter die Hand seines Besitzers. Er möchte damit nur sagen, dass er schon fast 10 Sekunden nicht beachtet, gekrault oder anderweitig bespasst wurde. Im Haus liegt er vorzugsweise im Weg rum oder auf dem Weg zur Tür, damit er auch wirklich alles mitbekommt und es auf keinen Fall verpasst, wenn Herrchen sich verpissen möchte. Meistens geht er jeden Gang mit, um immer auf dem Laufenden zu sein. Nachts platziert er gerne Spielzeugsteine an strategisch wichtigen Punkten auf dem Fußboden, damit er dich beim Fluchtversuch fluchen hört, wenn er ausnahmsweise mal fest schläft.

Als Besitzer kommt man sich vor wie beim betreuten Wohnen. Gewissenhafter als jeder Pflegedienst, begleitet er dich sogar aufs Klo. Warum du nur diesen Ort als dein Revier "markierst" kann er leider nicht nachvollziehen, deshalb schaut er dich dabei mit großen Augen fragend an. In seinem Maul befindet sich meistens ein Wurfgeschoss, das er dir unauffällig in die Hand schiebt, oder wie unbeabsichtigt vor die Füße fallen lässt und dann anstarrt. Sollte dir das entgangen sein, hebt er es auf und platziert es erneut. Manchmal nur ein paar Millimeter weiter. Solange bis sein Tun endlich bemerkt wird und endlich Aktion angesagt ist.

Der Shepherd leidet sehr unter seiner Spielsucht. Als Balljunkie liebt er Bälle über alles. Fußbälle sind auch toll, haben aber leider nur eine Lebenserwartung von ca. 3 Sekunden, dann landen sie mit einem leisen Furz im Bällehimmel. Der Bälle-Friedhof eines Zerstörer-Shepherds hat enorme Ausmaße und ist mit seinen Bergen von Kunststoffschnipseln vergleichbar mit dem Außenlager einer Recyclingfirma. Auf diesem Areal findet man völlig nackte Tennisbälle ohne diese gelbe Flauschehaut. Tennisbälle, die fein säuberlich in 2 Teile zerlegt wurden, die aussehen wie 2 gummiartige gelbe Slipeinlagen. Quitschies mit und ohne Quitschie. Aber auch Äste und haufenweise Rindenmulch (bereits bespasste Äste). Manchmal findet man dort auch eine Ratte, die sich aber recht selten im unbespielten Zustand befindet. Selbst erfahrene Forensiker wären nicht mehr in der Lage die genaue Todesursache zu ermitteln. Vermutlich ein Suizid in einem Wasserbottich. Die mittlerweile kopflose Wasserleiche hat bereits diverse "Abnutzungserscheinungen" und wird bis zum letzten "Spielzug" gehütet wie der heilige Gral. Sogar unkaputtbare Vollgummibälle zerlegt er mit endloser Ausdauer in Molekularbausätze. Der Friedhof der (kaputten) Kuscheltiere und das Schuh-"Endlager" befinden sich meistens im Haus. Aber es gibt auch Aussies, die haben ungefähr 2 Mio. "heile" Spielsachen und sind in der Lage auf Kommando genau das Richtige mit der Geschwindigkeit einer Internet-Suchmaschine herauszupicken.

Mit seinen hellseherischen Fähigkeiten ist der Shepherd dem Besitzer immer einen Schritt voraus. Hat man beispielsweise in absehbarer Zeit vor, sich vom Sofa zu erheben, sitzt der Shepherd bereits seit Minuten an der Haustür und starrt die Klinke an. Während man noch verzweifelt den Autoschlüssel sucht, sitzt der Shepherd schon eine gefühlte Ewigkeit mit einer größeren Auswahl an Spielzeug auf der Ladefläche des Pickups und freut sich wie Bolle. Er ist aber auch sehr mitfühlend: Noch bevor die erste Träne den Boden berührt, hat der Shepherd bereits seinen Kopf auf den Schoss seines Besitzers gelegt und leidet still mit ihm.

Wenn man bei anderen Hunden Haustür oder Tor auflässt sind sie weg, und zwar "weit" weg. Zuweilen kann man sie direkt im Tierheim abholen. Der Shepherd ist immer "da". Er braucht weder Zäune, Würgehalsbänder, noch umfunktionierte Wäscheleinen die hinter ihm her schlurren.

Damit der verrückte Köter endlich ausgelastet ist gehen viele zum Agillity. Dabei dreht er aber immer mehr auf, deshalb wird der Besitzer dabei aus Sicherheitsgründen nicht angeleint. Er wäre dabei nur ein Klotz am Bein (Hals).

Ein nicht ausgelasteter Shepherd in einer 2-Zimmer-Stadtwohnung mutiert schnell zum kreativen Innenarchitekten. Seiner Meinung nach sind Möbel im Hackschnitzel-Format viel praktischer. Bei den Tapeten bevorzugt er den "Used look" und die Maserung der Echtholz-Innentüren kommt nach stundenlangen kratzen (zumindest im unteren Bereich) viel besser zur Geltung. Der "Einbau" einer Katzentür im Vintage-Look dauert bei ihm gerade mal 6 h. Wie er dein Weihnachtsgeschenk (ein sündhaft teures Designer-Hundesofa) wirklich findet, kannst du bereits direkt im Anschluss an das "eben Zigaretten holen" begutachten. Als Sprengstoffexperte macht er nach deiner "Evakuierung" auch schon mal einen Fehler am Zünder des Sofakissens und das Ding explodiert trotzdem. Ein geschmückter Weihnachtsbaum entspricht in waagerechter Position schon eher seiner Vorstellung von einem Stock zum Spielen und das Klopapier wird in mikroskopisch kleine Fusseln zu Kunstschnee verarbeitet. Zusammen mit den explodierten Kissen (Mehrzahl is ja klar!) ergibt das schon eine geschlossene Schneedecke...

"Schnee an Weihnachten hast du dir doch so sehr gewünscht, oder?"

Am liebsten arbeitet der Shepherd mit Schafen. Je mehr desto besser. Wenn er mal nicht schnell genug drum rumkommt, nimmt er gerne die Abkürzung und rennt mit seinen Dreckfüßen quer über den wollweißen blökenden Flokati-Teppich. Um die vielen kleinen Köttelkisten nicht zu erschrecken. erledigt er seinen Job völlig lautlos. Die kleinen schwarzen Bälle die aus den Dingern haufenweise raus kommen findet er sogar als Balljunkie echt "Scheiße". Der Schäfer ist eigentlich völlig überflüssig. Jeder Auftrag wird völlig selbstständig erledigt. Die ganze Truppe nach Mces zum Drive In führen und für alle 2.000 Meckerköppe Veggieburger mit doppelt Grünzeug bestellen, für den Aussie kein Problem. Für das Spielzeug aus dem Happy Meal tut er einfach alles. Die Impftermine dieser nahezu wartungsfreien Rasenmäher mit Selbstantrieb hat er ebenso im Kopf wie die GPS-Koordinaten der Weidestellen. Im Frühjahr koordiniert er die fast 2.000 Frisörtermine. Danach kümmert er sich rührend um die Lämmer, die ihre hässlichen nackten Mütter nach dem Umstyling nicht wiedererkennen...

Ein Hund für alle Fälle: "Shepherd"!!!

Irgendwas... ...ist immer kaputt

Das Montagsmodell:

Montagspferde sind extrem suizidgefährdet. Sie verletzen sich an allem und jedem. Ihr liebsten Hobby ist das gestalten von neuen "Körperöffnungen". Und das meistens nicht Montags, sondern vornehmlich an Sonn-und Feiertagen. Ohne diese "Experten" wären Tierärzte und Kliniken längst pleite. Ein Tierarzt braucht eigentlich nur ein paar dieser Vollpfosten in seinem Patientenstamm und kann so locker 3mal im Jahr auf die Malediven fliegen. Präsidenten-Suite, klar, was sonst? Diese "Vorkommnisse" häufen sich meistens an Tagen, an denen der Besi nicht da ist.
Diese Gäule sollte man keine Sekunde aus den Augen lassen. Über ihnen schwebt eine Wolke namens „Unheil", die ständig auf sie herabregnen könnte. Ein unbeaufsichtigter Eimer mit Henkel wird in knapp 5 Minuten auseinander montiert und zum coolen Lippenpiercing umfunktioniert. Sie verlieren ständig ihre teuren Halfter oder die soeben montierten Hufeisen, können sich aber meistens nicht erinnern, wo das war.

Sie werden am besten 24/7 videoüberwacht, aber Vorsicht: Sie schaffen es tatsächlich, sich an der in 3 Meter Höhe installierten Überwachungskamera die Birne aufzureißen.

Auf der 5 ha großen Wiese fressen sie zielsicher die einzige Giftpflanze, oder die Handvoll Gartenabfall, die der Nachbar dort entsorgt hat. Sie wälzen sich (auf der 5ha großen Wiese!) mindestens 3x tägl. in die Litze, hängen dann natürlich fest und zucken entweder im Takt des Weidezaungeräts, oder reißen kurzerhand alles wie eine Lawine nieder. Wenn sie mal in ein Mauseloch treten, haben sie keine Zerrung, sondern gleich einen schweren Sehnenschaden oder gar einen Sehnenabriss. Sie wälzen sich auch gerne in Löchern, die sie vorher selbst gebuddelt haben. Sie liegen dort wie ein Käfer auf dem Rücken und kommen mit der Weidekulle nicht mehr rum. Das machen sie aber sonderbarerweise nur bei 40 Grad im Schatten. Bei Ausritten finden sie jeden Stein, auf den sie natürlich auch drauflatschen (aber immer 2 mal, auf dem Rückweg natürlich auch!) Wenn mal nix im Weg liegt stolpern sie einfach über ihre eigenen Füße.

Sie sind auch mit Kranken- und Lebensversicherung nur begrenzt herdentauglich. Sind die letzten Fäden gerade gezogen, haben sie auch schon die nächste Macke in Form einer weiteren (anatomisch manchmal durchaus interessanten) Körperöffnung. Wenn zwei sich streiten, befinden sie sich mit ziemlicher Sicherheit "rein zufällig" im Krisengebiet. Die Wunden verheilen schlecht und es bleiben immer hässliche, wulstige Narben oder weiße Stellen, die als Gesamtkunstwerk oft an einen Picasso erinnern, sich aber leider nicht wertsteigernd auswirken.

Hat man auf der eigenen Wiese alle potenziellen Gefahrenquellen (und dazu zählen mitunter sogar stinknormale Bäume) entfernt, geht es flugs zum Nachbarn, um sich dort in den achtlos abgestellten Ackergeräten, oder der umfangreichen Schrottsammlung die zarten Beinchen aufzureißen. Das Montagspferd funktioniert im Prinzip wie ein Metalldetektor. Es findet jeden Nagel, der irgendwo auch nur ein paar Millimeter rausschaut und natürlich auch die vergessenen 3 cm Stacheldraht an irgendeinem einsamen Weidezaunpfosten am Ende der Wiese.

Überhaupt ist ein Aufenthalt auf der Wiese nicht anzuraten. Nach 2 Tagen Regen hat es garantiert eine Regen-Dermatitis gefolgt von einer Lungenentzündung. Bei Sonne in Kombination mit 2-3 Mückenstichen liegen sie dagegen flach mit Malaria-ähnlichen Symptomen. Ist die Mauke von der nassen Wiese endlich verheilt und die Wiese trocknet ab, haben sie ganze 2 Tage später bereits furztrockene und total ausgebrochene Hufe. Auch ohne jegliche Fremdeinwirkung schaffen sie es, wie ein schlimm zugerichtetes "Pferderipper-Opfer" kurz vor dem Ableben auszusehen. Dabei sind die meisten Exemplare recht schmerzfrei. Selbst mit riesigen klaffenden Wunden stehen sie völlig unbeeindruckt auf der Wiese und mampfen weiter. Selbst wenn sie sich nur noch mühsam auf drei Beinen fortbewegen können, hält sie nichts davon ab, sich weitere Verletzungen zuzufügen. Zum Glück nur im Rahmen ihrer derzeitigen Möglichkeiten...

In der Box ist der Aufenthalt ähnlich gefährlich. Morgens findet man sie oft mit apathischem Blick und völlig bewegungsunfähig am Boden liegend in den sonderbarsten Verrenkungen vor, so als hätten sie nachts gesoffen und dann ne Runde "Twister" gespielt. Dieses sogenannte "Festliegen" praktizieren sie leider mehrmals wöchentlich. Die Anschaffung eines

Treckers mit Frontlader lohnt sich daher bei diesen Pferden allemal. Auch ein paar breite Spanngurte, um den bis zum Hals im Graben/Modder steckenden Zossen raus zu hiefen, dürfen nicht fehlen. Ein Montagspferd hat auch keine Kolik, nein, es hat immer gleich einen Darmverschluss oder zumindest eine Verlagerung. Bei Klinikaufenthalten zieht es sich oft noch die eine oder andere (kleine) Verletzung zu, die unter Narkose getackert oder genäht werden muss.

Beim Anbinden reißen sie sich entweder los und verletzen sich dann "unterwegs", oder der Strick hält und sie schälen sich beim Strampeln große Teile der Haut ab. Manchmal schlagen auch Teile des gesprengten Panikhakens bei ihnen ein.

Beim Reiten sind es die Zügel, auf die sie bevorzugt drauflatschen. Wenn man mal Glück hat, reißen die Zügel. Normalerweise hängt bei einem Montagspferd die Zunge nur noch halb dran. Auf Turnieren reißen sie gerne mal das Trailtor aus der Verankerung, oder verlassen das Turniergelände auf die ein oder andere "spektakuläre" Weise.

Das Verladen kann man eigentlich total vergessen, es sei denn man hatte eh vor in die Klinik zu fahren. Wenn man Glück hat steigen sie gar nicht erst ein. Wenn doch verletzten sie sich mit ziemlicher Sicherheit beim Absturz von der 20 cm hohen Rampe oder an den "Sicherheits"-Splinten. Manche kippen einfach beim Steigen um und brauchen, wenn man Glück hat, nur einen Chiro. Einige möchten während der Fahrt auch gerne vorne sitzen. Angestrebt wird hier oft ein Aufenthalt im Bereich vor der Vorderstange. Andere Modelle dagegen bevorzugen eher einen Liegendtransport. Erdrosseln und Erhängen während der Fahrt stehen ebenfalls auf der Beliebtheitsskala ganz oben. Hat man die empfindlichen Beinchen sicher eingepackt, machen sie sich halt ein paar Macken am Kopf. Das Abladen erledigen sie ganz selbstständig in Rekordzeit und reißen sich beim "unter der Stange durchflutschen" gerne den kompletten Rücken auf. Andere drehen sich trotz Mittelwand ganz cool um (ist ja schließlich Platz genug!) und verlassen ebenfalls Klinikreif das Trümmerfeld des nagelneuen Pferdeanhängers.

Beliebt sind bei diesen Modellen auch ständig wiederkehrende

Hufgeschwüre, und zwar solche die weder vom Vet noch vom Schmied geortet werden können. Der Spruch: "Ein Hufgeschwür kommt selten allein" kommt natürlich von einem Montagspferdebesitzer.

Die Stallapotheke gleicht der einer Notaufnahme, kilometerweise Verbandsmaterial und Unmengen Panzertape. Natürlich auch Krankenschuhe für alle 4(!) Füße. Am besten gleich 2 Thermometer, da eins mit Sicherheit in den Tiefen ihres Darms verschwindet. Verschiedene Aderklemmen und Nähzeug für die "kleineren" Blessuren sind hier auch recht sinnvoll. Praktisch: Als Besi kann man die lateinischen Begriffe für die betreffende Krankheit bereits vor Eintreffen des Vet in FB posten. Ein Montagspferdebesitzer besitzt mehr CDs mit Röntgenbildern, als mit Mucke drauf und kann aus den teuren Fotos ohne Probleme ein Anatomiemodell in Lebensgröße zusammenbasteln.
Ein Besuch der Ausstellung "Körperwelten" lohnt sich für den Montagspferdebesitzer in keinster Weise. Es gibt eigentlich nix, was er nicht schon live gesehen hätte.

Für dieses Pferdemodell gilt: "Nach der Klinik ist vor der Klinik" und man sollte sich fragen, ob es sich wirklich lohnt für so kurze Zeit, den Venen-Katheter zu entfernen...

Das Quarter Horse:

Früher konnte man mit seinem Quarter das Feld pflügen, Kühe treiben, Sonntags mit der Kutsche zur Kirche fahren und danach auf der staubigen Hauptstraße ein Viertelmeilenrennen gewinnen...

Heute braucht man für jede Disziplin einen anderen "Deppen":

Das "Halter-Pferd" kommt bereits total "aufgebrezelt" zur Welt und hat an allen möglichen und unmöglichen Stellen diverse Muskelpakete. Es hat nur 1mm kurzes Fell und ist (incl. der Hufe) komplett mit Klarlack überzogen. Außerhalb seiner 800g Decke ist es nur wenige Minuten überlebensfähig. Im ungeschminkten Zustand weigert es sich, auch nur wenige Augenblicke, seine Box zu verlassen. Da nützt auch die Führkette nix, mit der das Halterpferd quasi schon auf die Welt kommt. Die ausrasierten Ohren, der perfekt geschorene Bridlepath und auch die millimetergenauen Abstände der akkurat zu jeweils 100 Stück gebündelten Mähnenhaare lassen vermuten, das ihr Besitzer unter einer Zwangsneurose leidet. Der Schweif ist mit 2-3 eingeflochtenen Kunstschweifen echt am Limit und verkeilt sich beim Laufen ständig zwischen den Hinterbeinen. Damit sie kein Winterfell ansetzen und keine Kalorien verbrauchen werden sie ganzjährig in beheizten Ställen vor Umwelteinflüssen geschützt. Ob ihre Muskeln durch das dortige Treibhausklima, oder durch die Fütterung fragwürdiger Pülverchen so wachsen ist leider nicht bekannt.

In der "Pleasure" hat das Quarter-Horse es recht einfach, da die jeweils zulässige Höchstgeschwindigkeit angesagt wird. Allerdings scheint es in der Arena versteckt aufgestellte "Blitzer" zu geben, da dort alle noch weit unter dem jeweiligem "Speed Limit" rumgurken. Für die Pleasure-Frisur wird die Mähne einfach in 5 cm lange Stücke geschnitten, mit Unmengen Haarlack besprüht und am Hals "fest getackert". Der "Kunst"-Schweif hat enorme Ausmaße und sieht aus, als hätten dafür mindestens 3 Tinker ihr Leben gelassen. Die unendlich vielen funkelnden Swarovskisteine auf den Klamotten der Reiter sollen die Richter augenscheinlich von ihrer Lahmheitsdiagnostik ablenken. Die Gangarten sind kaum zu unterscheiden und die ganze Truppe macht den Eindruck einer Para-Olympic Klasse für "bedingt reitbare Beisteller".

Da alles sehr langsam aussehen soll, und die teilnehmenden Pferde augenscheinlich am Vortag einen 3-fachen Iron-Man auf Hawaii absolviert haben, betreten sie im Schneckentempo und mit hängenden Köpfen die Bahn. Manche können sich dabei noch vage an ihr früheres Leben als Rennpferd erinnern und setzen schon im Schritt zum Überholen an. Manche befinden sich deshalb nach 2 Runden bereits auf dem 17. Hufschlag und schlurfen dem Richter direkt vor der Nase lang. Und zwar so extrem langsam, dass dieser dabei durchaus in der Lage wäre, in aller Ruhe schon mal die Gebisskontrolle durchzuführen.

Der Galopp scheint ihnen in dieser Verfassung besonders schwer zu fallen. Sie können den Kopf kaum oben halten und drehen, stumpfsinnig nickend (wie Ölpumpen in Texas), ihre Runden. Die Reiter hoppeln dabei, wie in Zeitlupe (mit gequältem Lächeln und einem fürchterlichen Hohlkreuz) im 4-Takt auf den sündhaft teuren Sätteln herum, die in einem Stück aus 925er Silber gegossen wurden. Dazu kommt aus den Lautsprechern nicht etwa Heavymetal-Mucke, um die schlurfende Gesellschaft wachzuhalten, sondern Beethovens "Sinfonie Nr.5 in C-Moll". Mit letzter Kraft schleppen sich die müden Zossen anschließend zur Siegerehrung, wo sie für ein Erinnerungsfoto zum "Aufwecken" mit Sand beworfen werden.

Für ein "Quarter Mile Race" müsste man mit so einem Modell wohl seinen gesamten "Jahresurlaub"opfern.

Das „Hunterpferd"

Perfekt für Umsteiger aus der klassischen Reitweise. Da kann man die heißgeliebte "Strumpfhose " gleich anlassen und für den ausgelutschten Springsattel findet sich auch noch Verwendung. Die Pferde haben mit 1,75+ auch ungefähr die gleiche Größe und die gleichen unbequemen Gänge. Man braucht eigentlich nur seine 20 Jahre alte Reitkappe raus kramen, den Kinnriemen abschnippeln und den Gaul beim Reiten nen halben Meter länger lassen. Da hier klamottentechnisch nur Erdtöne angesagt sind, muss die Schibbi–Schabbi Sammlung leider im Schrank bleiben. Aber die ist im "unbespielten" Zustand ja eh viel wertvoller.

„Cutting"
Da das Quarterhorse beim „Cutting" völlig selbständig ein Rind aus der Herde aussortieren soll, befindet sich auf seinem Rücken nur eine verstaubte Cowboy-Atrappe. Die kleinen muhenden "Statisten" mit den gelben wetterfesten Startnummern (an den Ohren) stinken extrem nach Kuhscheiße und drängen sich meistens ängstlich um einen ebenfalls stinkenden Haufen Silo. Aufgrund ihrer Ausdünstungen, könnte so manch Quarter diesen Job sogar bei völliger Dunkelheit erledigen. Mit seinem angeborenem Cow-Sense ist er beim Cutting genauso auf die Kuh fixiert, wie ein Hund auf seinen "Quietschi". In Aktion liegt das Quarterhorse mit gegrätschten Vorderbeinen fast ebenerdig vor der Kuh und macht dabei (genau 2 1/2 Minuten lang) ähnlich planlose Bewegungen wie der Torwart beim Tischfußball. Die Puppe schleudert dabei heftig hin und her und sollte mit ausreichend Spanngurten gesichert sein. Da die Cuttingpferde alle recht klein sind und der "Dummy" ziemlich groß, steht er dabei quasi mit beiden Füßen in der (Kuh)-Scheiße.

„Reining"
Für Freizeitreiter mit entsprechendem Geldbeutel gibt es den Reiner auch in der Luxusvariante: Ein importierter lackschwarzer Futuritysieger, der aufgrund der Lifetime- Gewinnsumme seiner Mutter, bereits als Ultraschallbild in der "Hall of Fame" an der Wand hing. Aufgrund der Reitkünste seines Besitzers muss er jedoch den Rest seines Lebens in Korrekturberitt verbringen. Falls sein Besitzer den "heißen Ofen" doch mal selber vorstellt, sieht das ungefähr so aus:

Vor der Reiningprüfung muss der Reiter die Aufgabe (auch Pattern genannt) auswendig lernen. Er kann sich diese komplizierten "Schnittmuster" aber einfach nicht merken. Sein "schwarzer Flitzer" meint sich vage erinnern zu können beginnt bei X unverzüglich mit den Spins, und dass mit der Geschwindigkeit eines Tornados. Das Pfeifen der Zuschauer, um dem Reiter beim Zählen behilflich zu sein, hört er nicht. In seiner extremen Anspannung macht er (zur Sicherheit) noch ein paar mehr von den "Dingern" und hinterlässt dabei einen 50 cm tiefen Krater. Da anscheinend vergessen wurde, die Hütchen zur Fahrbahnmarkierung in der Arena zu verteilen, und diese, seiner Meinung nach, noch völlig sinnfrei an der Bande rumstehen, ist er selten auf der richtigen Umlaufbahn unterwegs. Er findet auch den perfekten Zeitpunkt zum Stoppen nicht. Entweder bremst er noch vor dem Mittelmarker mit einem ABS-ähnlichen Stotterbremsen (bei dem seine Bandscheiben einem Druck von mehr als 3 Bar ausgesetzt sind), oder er slidet über 20 m und schlingert direkt in die Bande. Den X-Punkt verfehlt er um glatte 10 m und nagelt mehrmals haarscharf an den beiden Herren im Konfirmationsanzug vorbei (Die beiden können mittlerweile auf ihren Klemmbrettern problemlos "Sandkuchen" backen).

Die anfeuernden "Go, Go, Go!" Rufe der Zuschauer auf den großen Zirkeln werden von ihm völlig ignoriert, da er ja bereits voll Speed in den langsamen Zirkeln unterwegs war und es einfach nicht schafft, den Gaul noch weiter zu beschleunigen.

Der weiße frisch geshapte 1000 X Hut (der aufgrund seines Anschaffungspreises eigentlich nur selten den Safe verlässt) fliegt dabei vom spärlich behaarten Haupt und wird bereits in der nächsten Umlaufbahn unschön in den Boden gestampft. Unter den strengen Blicken der Richter ist er einfach nicht in der Lage, sich zu konzentrieren. Beim abschließenden Rückwärtsrichten in Endgeschwindigkeit versucht er noch mal alles zu geben, um Punkte gutzumachen. Aber außer einem verbogenen Eisen, dem zertrampelten Hut und den am Boden liegenden Schweifhaarbüscheln, hinterlässt er lediglich ein paar Äppel, die aufgrund der wahnsinnigen Geschwindigkeit auf den kleinen Zirkeln einen geschlossenen(!) Kreis bilden.

Die Richter, die die ganze Zeit kreidebleich auf ihren Stühlen gehockt haben (allzeit bereit, sich mit einem beherzten Satz über die Bande in Sicherheit zu bringen) klopfen sich erleichtert den Sand aus den Klamotten und bereiten sich nach einem kurzen Kopfschütteln und einem "Oh my God!"seelisch auf den nächsten "Greener than Grass" vor.

Die Ergebnisse der Teilnehmer variieren zwischen:

"Out of Pattern", "Out of Control" und "Out of the Arena"...

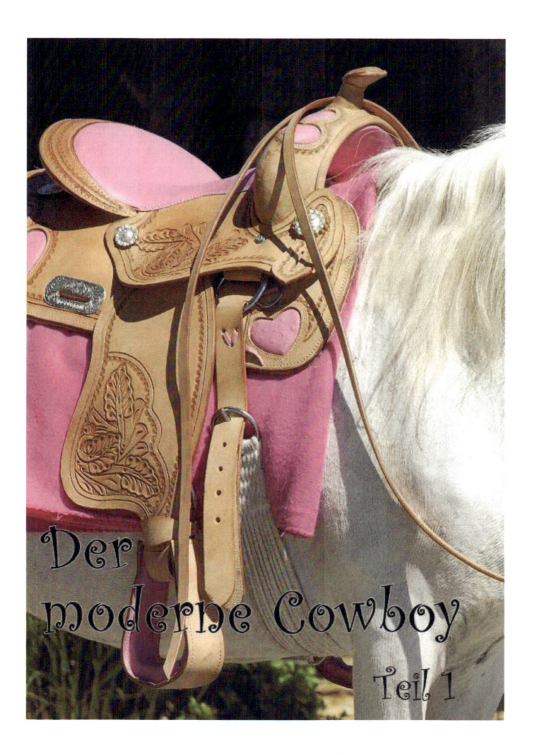

Der moderne Cowboy Teil 1

Ich stell mir gerade den Helden aus einem Western vor, wie er seinem Gaul vor jeder Schießerei erstmal Notfalltropfen und ein paar Globuli einwirft......und jedes Mal, wenn er vom 1. Stock des Saloons auf seinen Gaul gehüpft ist, den Chiro kommen lässt......bei der Gelegenheit wird natürlich gleich der verstellbare Sattel per Computer neu angepasst......oder wie er beim ersten Schnee allen Wildpferden 800 Gramm Decken mit Halsteil bestellt......und am Ende sein Pferd nur wegen der Mauke erschießt, weil sie auf FB in der Gruppe "Ferndiagnose" meinten, es könnte eine mutierte Form der Vogelgrippe sein und der "Besi" sollte es deswegen lieber erlösen......und er dann den bling bling Sattel mit 20 kg Silber dran, ächzend durch die Wüste schleppen muss......

Ein neues Pferd ist dank FB auch schnell gefunden: Ein bereits gerittener Gunner Absetzer mit jahrelanger Showerfahrung und einer Lifetime Gewinnsumme von 7 Mio. Dollar......nach bestandener AKU (nur 3 Chips/pro Bein und Hufrolle Röntgenklasse 8-9! Der beidseitige Spat war zum Glück schon ausgeheilt) wird man sich schnell einig.....mit dem neuen Gaul noch schnell ne Postkutsche überfallen, damit er die Pferdesteuer und die OP-Versicherung zahlen kann.....leider muss das arme Hotti wegen COPD nach jeder Verfolgungsjagd erstmal 3 Stunden inhalieren.......

Oder stellt euch vor, wie er allabendlich durch den Canyon reitet, und bei den 293 Mustangstuten den korrekten Sitz der Geburtsmelder überprüft......täglich sprüht er die Futterstellen der Herden mit effektiven Mikroorganismen ein......manchmal sieht man ihn auch wochenlang gar nicht, dann äppelt er gerade die Prärie ab......dabei nimmt er Kotproben von jedem Pferd und bestellt individuell zusammengestellte Wurmkuren..... abends sitzt er dann mit einem Glas Holundersekt gemütlich am Bio-Ethanol Kamin und diskutiert mit seinen Kumpels, welche Schibbi-Schabbi am besten zu seiner zickigen Stute passt...

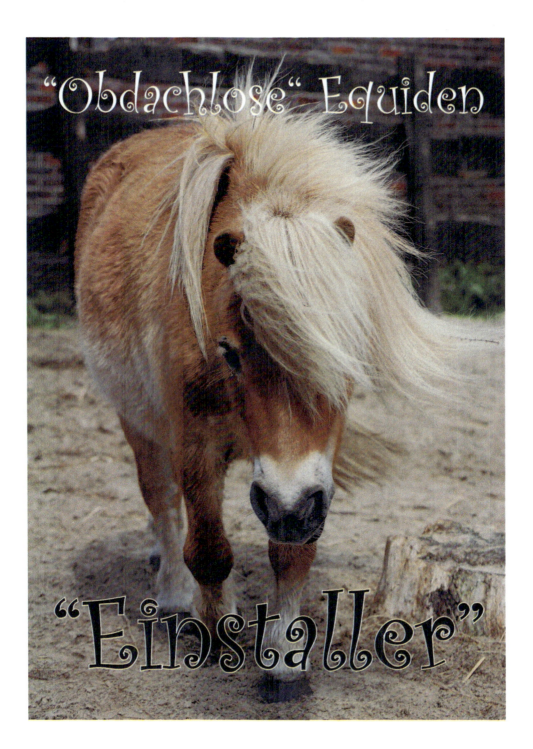

Die verschiedenen Einsteller-Typen:

„Die Hypochonder-Tussy"

Nachdem sie sich über 3 Wochen aufopfernd 3x tägl. um die schlimme "Mauke" ihres Tinkers gekümmert hat, mag man ihr schon gar nicht mehr sagen, dass die hartnäckige Kruste in den unergründlichen Tiefen seiner Beinbehaarung eigentlich die verkümmerte Zehe ist. Der fast weiße Zosse sieht mit dem ganzen Blauspray eigentlich immer aus wie ein Schlumpf. Wenn er in der Box sein "Schutzschild" (grüne Stalldecke) trägt, fehlen eigentlich nur noch die farblich passenden grünen OP-Schuh-Überzieher. Falls sich der Zosse einmal kurz räuspert bekommt er wochenlang Hustenlöser, Antibiotika und warme Heucobs mit Honig. Beim Verladen bewegt er sich mit der Grazie einer Marionette. Seine dicken, fast unkaputtbaren Stampferchen stecken in gipsbeinähnlichen Gamaschen und lassen den dicken Jungen noch unbeholfener wirken, wenn er mit hahnentrittähnlichen Bewegungen in den ebenfalls dick gepolsterten Hänger stakst. Ziel ist natürlich die Uni-Klinik! Großes Blutbild, Zähne kontrollieren, Allergietest, impfen, Bronchoskopie, MRT.....Wie immer das volle Programm, für den kerngesunden irischen Deppen, dem eigentlich nur etwas Feinmotorik und ein paar Gehirnzellen fehlen.

„Die dumme Kuh"

Kippt 7 Karren Mist direkt auf das Brett am Misthaufen und vergisst ständig wie der Knoten zum Anbinden geht. Nach 2 Jahren weiß sie immer noch nicht, wo das Licht angeht und wie man den Strom abstellt. Wenn man ihr langweilig braunes Tier in eine andere Box stellt findet sie es entweder nicht wieder, oder sattelt aus Versehen ein anderes (ungerittenes) langweilig braunes Tier, was dann aber gar nicht mal so langweilig an die Decke geht. Sie bewegt sich in der gleichen Geschwindigkeit wie ihre Gedanken. Sie besitzt ein braunes phlegmatisches Warmblut aus den frühen 80ern, bei dem sich eigentlich nur noch die Kaumuskeln bewegen. Im Sommer sieht es mit der Ganzkörpergardine und Fliegenmaske aus wie ein alter schielender Hobbyimker.

„Die Expertin"

Stolze Besitzerin des kleinen Hufeisens und eines fetten Norwegers. Die Studien und Forschungsergebnisse sämtlicher Hochschulen über EMS hat sie im Kopf. Ihr umfangreiches Wissen stammt allerdings eher von Dr. med. vet. Google und der Dr. Sommer Einhorn Community. Sie läuft ständig mit Einweghandschuhen rum und entnimmt verschiedenste Proben. Da sie immer mit dem Mistboy hinter ihrem Gaul herdackelt ist sie wenigstens beschäftigt und nervt nicht rum.

Ihr Pö bekommt ausschließlich gefiltertes Wasser und die verwendeten Wassereimer sind natürlich aus ökologischem Anbau und nicht aus diesem "pösen" genmanipuliertem Kunststoff. Das letzte Blutbild hängt mahnend an seiner Boxentür ebenso wie der "Fruktan-Gezeiten-Kalender", nachdem ihr "Grasvernichter" minutengenauen Ausgang hat. Ihr "All you can eat" bekommt nur laktosefreie Heucobs und 2x tägl. 3 kg von seinem Adipositas-Müsli (das hat ja 0 Eiweiß und enthält 0 Hafer, da darf es ruhig etwas mehr sein...). Aufgrund von Haaranalysen wird das Kraftfutter ständig "bedarfsgerecht" zusammengestellt. Sein baumloser Maßsattel muss komischerweise trotzdem ständig neu vermessen (verbreitert) werden. Eine Lösung zur mittigen Fixierung des wabbeligen Dings wurde ebenfalls noch nicht gefunden. Trotz der Ausstrahlung in Aktenzeichen XY und einiger Hinweise aus der Bevölkerung wurde der Widerrist bislang nicht gefunden. An der von ihr vertraglich festgelegten und natürlich wissenschaftlich bewiesenen 24/7 Heufütterung aus Netzen mit 40 cm Maschenweite kann das ja nicht liegen. Bei den 40 cm hat sie sich natürlich auch nicht verlesen...

Im Sommer sieht ihr Rehe-Pö mit der gasmaskenähnlichen Fressbremse aus, als würde es problemlos einen Anthrax-oder Milzbrandanschlag überleben. Trotz der Reduziereinlage aus Titan (eine Sonderanfertigung des ortsansässigen Klempners) bringt es die im Abstand von 4 Wochen genutzte mobile Pferdewaage immer noch an ihre Grenzen. Falls es mal nicht frisst (kommt ja eher selten vor), spielt ihr schmerzfreies Pö gerne auf der Litze "E"- Gitarre oder verkloppt die weniger schmerzfreien Modelle.

„Die Arbeitssuchende"

Sie sucht schon seit Jahren, findet aber nix. Sie schaut einem wahlweise beim Schuften zu, oder auf ihr neuestes Handy. Falls sie die Äppel, die ganz eindeutig ihrem Zossen aus dem Arsch gefallen sind, mal einsammeln stehen sie im vollen Mistboy noch rum bis sie "Angora" tragen. Ähnlich wie "die dumme Kuh" schafft sie es nur alle Jubeljahre mal zum Misthaufen. Dort kippt sie die Karre direkt auf die 7 Haufen Mist, die bereits von der „dummen Kuh" auf dem Brett liegen. Ihr Pferd hat sie teuer vom Schlachter gekauft. Oft ein Traber mit etlichen "Baustellen", ein „nicht reitbarer Beisteller" oder auch ein überteuertes dürres Fohlen aus einem Schlachttransport. Sie hat nie Kohle, aber wenn sie mit dem Auto wieder weg ist, um zu ihrem Frisör oder Nagelstyle-Termin zu fahren, bleiben außer dem vollen Mistboy noch 12 Kippen und ein Coffee-To-Go Becher. Die dazugehörigen Kinder sind meistens rotzfrech. Der Zosse von Muttern braucht nur den Schweif zu liften, evtl. auch nur, um ganz entspannt zu Pupsen, da hört man bereits ein "Ich mach das nicht weg!" Auf diese Pferde sollte man besonders gut achtgeben. Sie sind oft in einer Art "Zeugenschutzprogramm" und verschwinden gerne in Nacht- und Nebelaktionen, genauso spurlos wie ihre Besitzer und dem kompletten Inhalt ihrer Spinte. Das ganze natürlich ohne vorher die offene Stallmiete der letzten 3 Monate abzudrücken...

„Die Labertante"

Ihr Mitteilungs- und Geltungsbedürfnis ist quasi grenzenlos. An ihrem Rückspiegel hängt eine ganze Traube gelber (vergilbter) Schleifen. Jeder weiß, wann sie nennt, startet und wie sie abschneidet. Das ist aber noch längst nicht alles. Das erzählt sie auch jedem, der es gar nicht wissen will. Jeder im Stall weiß auf den Zentimeter genau, wie lang die ekligen Würmer waren, die nach der letzten Wurmkur aus ihren Pferd kamen, aber auch wann und wie oft ihr Gaul Stuhlgang hat. Nicht zu vergessen die Fotos von seinem quasi explodierten eitrigen Abszess in Fußballgröße oder dem Geruch des total vereiterten Prämolaren, den sie noch Wochen nach dem Ziehen in einer Plastikdose herumgezeigt hat (den sie jetzt übrigens zusammen mit den fettigen Schweifhaaren am Arm trägt). Aber auch die ganzen anderen mehr oder weniger einschläfernden Anekdoten, die sie und ihr "Wolkenkratzer" im Alltagstrott erleben. Sie textet nicht nur ihr Pferd ununterbrochen zu, sondern man gewinnt den Eindruck, dass sie auch mit ihrem Fahrrad oder einem Klodeckel kommunizieren kann. Freitags blockiert sie stundenlang die ganze Stallgasse, wenn sie mit Trittleiter ihren Gaul zöpfelt. Das alte S-Dressur Pferd ist einiges gewohnt: Die Dauerberieselung seiner ohne Luft zu holen labernden Besitzerin, misslungene Scherversuche, Fehldiagnosen durch Dr. Facebook und nicht zu vergessen ihre äußerst hässliche Schibbi-Schabbi Sammlung. Aktuell sogar mit vielen dekorativen, aber auch viel diskutierten "Treuepunkten" (Schwalbenkacke). Das Radio kann man auch besser abstellen, sonst "bölkt" sie nur dagegen an. Samstags und sonntags morgens um 4 Uhr wird ihr 1,91 großer "Wolkenkratzer" unsanft aus dem Schlaf gerissen, damit er um Punkt 6 schlaftrunken mit Glitzer-Ausbindern durch den einfachen Reiterwettbewerb latschen kann. Ab und zu darf er sogar auf die Wiese. Das teure „Warmblöd" von Rubinstein (aus der Wiener Walze?) natürlich nur mit Gummiglocken, voll beschlagen mit Spezialbeschlag und Stollen. Damit das „Blöd" nicht ausrutscht oder über die 297 Glocken stolpert, die es da bereits verloren hat. Die zerfledderten Gnubbelzöpfe vom Dressurturnier sind auch noch drin (19. Platz einfachen Reiterwettbewerb!). Danach wurde augenscheinlich kein Selfie mehr gemacht...

„Die Öko-Esoteriktante"

Statt zu "Klickern" benutzt sie riesige Klangschalen. Sie hat auch kein Halfter oder Strick, nein, sie kommuniziert ja auf spiritueller Ebene mit ihrem Seelenpferd. In Verbindung mit den Klangschalen endet das allerdings meistens in einem "Ich bin dann mal weg"-Workshop. Vor dem Reiten wird der aktueller Gemütszustand ihres "Weideunfalls", der angeblich eine Reinkarnation der legendären "Halla" ist, in aller Ruhe ausgependelt. Das heißt aber im Klartext, dass der halfterlose Zosse (wie immer) kein Bock auf Reiten hat und zwischen Misthaufen und Blumenbeeten hin und herpendelt. Der Körper des Weideunfalls ist ja auch nur eine vorübergehende Behausung für die ruhelose Springpferde-Seele... Wer weiß, vielleicht landet ihre "Halla" ja bei der nächsten Wiedergeburt in einem Muli? Dafür kann der Weideunfall aber ein paar komplizierte Yogaübungen, die er besonders gerne ungefragt beim Reiten zelebriert, wie z.B. "Die bockende Sonnenuhr" oder "Die zweibeinige Schildkröte mit Wechselatmung".

Außerdem stehen noch Dehnübungen mit schrumpeliger Bio-Möhre und eine Hypnosesitzung zur Bewältigung seines "Geburts-Traumas" auf dem Programm des 33 (!) jährigen Zossen. Bei diesen "Sitzungen" hockt die Esoteriktussi im Schneidersitz auf dem Arsch ihres Weideunfalls, während die Räucherstäbchen direkt unter dem Rauchmelder lustig vor sich hin kokeln. Der Weideunfall trägt dabei eine Patchwork-Häkeldecke im Klorollendesign und sieht Omas Sofakissen mit Schlagfalte zum Verwechseln ähnlich.

Die Esoterik-Tante reitet ausschließlich ohne Sattel und trägt dabei eine riesige "formlose" Haremshose, die sie dringend mal in einen Trockner zum Verkleinern stopfen sollte. Dazu trägt sie ein XXL Schlabber-Oberteil in Regenbogenfarben, das anscheinend bei jeder Altkleidersammlung wieder aus dem Sack springt. In der Box ist jeder Strohhalm penibel nach Feng-Shui ausgerichtet. Ihr Zosse hat sogar einen beleuchteten Himalaya Salzleckstein, bei dem ihm allerdings nicht ganz klar ist, ob man den wirklich essen kann, oder ob er den ehrfurchtsvoll anbeten soll. Außerdem hängen dort noch etliche Knüpfteppiche und ein paar Yoga Tafeln. Zum Glück hat das Medium noch andere okkulte Termine und rauscht schnell wieder ab, nur der Gestank der Räucherstäbchen hält sich hartnäckig...

Der moderne Cowboy Teil 2:

"Ein Tussenpferd im Wilden Westen"

Das "Tussenpferd" ist idealerweise eine Mischung verschiedener Rassen. Groß wie ein Warmblut, also ca. 1,90 m. Rappe oder Schimmel (Füchsen steht der ganze pinke Kram einfach nicht...) mit möglichst vielen Haaren (vorzugsweise an den Füßen!), meterlanger Mähne (Friese) und natürlich ohne Eigenleben, da Erziehung in seinem Leben nicht vorgesehen ist. Mit der gleichen anmutigen Kopf- und Halshaltung wie eine Ente. Das "Tussenpferd" residiert (bzw. resigniert) vorzugsweise in einer Späne/Gitterbox ab 400 Euro aufwärts. Trotz computergesteuerter Stalltemperatur von konstant 38,9 Grad trägt das Tussenpferd die besagte 800 Gramm Decke mit Halsteil aus Teil 1. Alle 8 Wochen steht Maniküre und Pediküre auf dem Programm. Wobei Huflack in Neon-Pink eher unterer Durchschnitt ist. Raus kommt das Tussenpferd leider gar nicht, da es im Handel dafür keine geeigneten Designer-Daunen-Outdoordecken gibt. Natürlich gibt es auch einen Aquatrainer mit leiser Kür-Musik und gleichzeitiger Ammoniak-Aromatherapie. Ein Ganzkörpersolarium mit integriertem Gesichtsbräuner, damit der Schimmel auch im Winter (und wegen der Haltung) eine gesunde Gesichtsfarbe hat, darf natürlich auch nicht fehlen. Damit die koppenden und webenden "Insassen" sich nicht weiter langweilen gibt es einen extra geschulten Personal-Horse-Trainer. Abends noch Mash mit Fencheltee, Biotin, Magnesium, MSM, Hustenlöser und Leinöl.

Schnell noch ein Selfie mit Fliegenhaube und farblich passender Schabracke aus der neuen Kollektion in „Pampelmuse/Kaffeesatz", natürlich nur mit passendem Nagellack. Ohne ständige Leckerlizufuhr stellen "Tussenpferde" übrigens gänzlich den Betrieb ein. Den Luxushänger mit Sonderausstattung, inkl. begehbaren Kleiderschrank und beleuchtetem Schminktisch, betritt es nur nach mehrstündigem Zureden und einer Kombination aus Bondage (mehrere Longen) und ca.10 Kilo Kraftfutter.

So, nun stellt euch besagtes "Tussenpferd" im Wilden Westen vor:

Noch bevor die Sonne (vor Schreck) am Horizont verschwindet, ist das "Tussenpferd" bereits erfroren, verhungert oder wird von der gesamten Herde wegen seines krassen Outfits gemobbt.

Dann der arme Cowboy: Zuerst einmal quetscht er sich in die italienischen Designer-Reitstiefel mit Lackstulpe. Statt der Reithose in blütenweiß mit Strass am Arsch entscheidet er sich doch lieber für die praktischen Breeches in Kackebraun. Dazu noch farblich passende karierte Socken (gibts die auch in Kackebraun?). Und statt der ollen gelben Dinger trägt er jetzt noble weiße Handschuhe Modell "Grand Prix" mit Swarovski. Die gibt es sogar in Größe 10,5! Die Dinger sind zwar nicht wasserdicht, aber bei Regen darf der Gaul ja eh nicht raus. Jetzt noch die teure Steppweste mit echtem Hundefellkragen, fertig! Da die selbstfahrende Aufsteigehilfe nicht mitgeliefert wurde (und stehenbleiben nicht zur Ausbildungsskala gehört) gestaltet sich das Aufsteigen bei 1,90 recht schwierig.

Nach mehreren Versuchen sitzt (hockt) der Revolverheld endlich im nagelneuen Dressur-Maßsattel für ca. 3.000 Flocken. In Ermangelung eines Horns hängt er nun dem Pferd das Lasso um den Hals. Darunter leiden zwar die Gnubbelzöpfe mit den Glittergummis, aber mit wenigen Handgriffen hat er das Pferd wieder durchgestylt. Dank einer 6-wöchigen Leichttrab-Klinik ist er sogar in der Lage dieses Riesentier völlig schmerzfrei, und nur mit einem Körnerkissen im Rücken, zu traben.

Nach 6 Stunden beidseitigem Treibens, kurz bevor er den defekten Zaun erreicht, fällt er vor Erschöpfung vom Pferd. Erwartungsgemäß macht sich das Tussenpferd sogleich auf den Heimweg. Zum Glück hatte er dem Gaul vorsorglich die 4 Transportgamaschen aus Hartplastik dran gelassen. Bis auf den total verkratzten Sattel (von Dornen und Stacheldraht), einer schweren Bronchitis, einem Sehnenschaden, etwas abgemagert und leicht desorientiert kommt das Tussenpferd nach 3 Tagen nahezu unverletzt zu Hause an.

Fazit: "Tussenpferde" haben im Wilden Westen nix verloren und der Westernheld sieht in dem Outfit echt Scheiße aus...

Das erste eigene Fohlen:

Bereits die Hengstauswahl überlässt man am besten den Experten von Facebook. Man sollte auch unbedingt dran denken dem Paketdienst eine Abstellgenehmigung zu erteilen, sonst landet der propangasähnliche Behälter versehentlich beim "Lieblingsnachbarn". Auch der Styroporbehälter mag keine 70 Grad im Lieferwagen und ist nach 3 erfolglosen Zustellversuchen nur noch ein Leichentransport. Die Lieferung durch einen Tiefkühlservice macht da durchaus Sinn...

Nach dem ersten Ultraschallbild ist man ja schon mal beruhigt, es wird ja zum Glück kein Fuchs sondern eher schwarz-weiß. Im Stall hängen bereits kurz nach dem Decken mehr Kameras als in einem Staatsgefängnis. Dazu kommt noch ein Babyphone um die Schnarchgeräusche der tief und fest schlafenden Stute zu überwachen. Die Facebookgemeinde wird zu der erwarteten Farbe befragt. Amber Champagne? (Reicht da nicht auch normaler Sekt?) Cream mit Aufhellungsgen? Blue Merle? Aalstrich? Splash Gen? (Halbblind und ganz taub, oder war das umgekehrt?) Welche RAL Farbe hat ein Smoky Black mit flaxen Mane and Tail? Zebrastreifen? (Wie konnte das Zebra unauffällig den Zoo verlassen?) Gehen Porzellanschecken kaputt, wenn sie hinfallen? Wie viel Liter Sonnenschutzcreme mit LSF 50 braucht ein Albino pro Tag? Ein Rappe mit 3 großen Flecken in rot, blau und grün ist doch ein Palomino, oder? Auf jeden Fall muss man in den C&A Zossen erstmal richtig Kohle (50 Cent) investieren, sonst läuft der nich. Kann man auch einfach die Farben der Eltern im Deckfarbkasten mischen?

Am Ende werden dann Fotos von einer Stute mit besorgniserregendem Umfang und dem Hinweis auf eine mögliche Drillingsgeburt gepostet. Die "Fat Lady" nähert sich dem "Independence Day". Obwohl die dicke Tonne schon seit Wochen den PH-Wert einer umgekippten Baggerkuhle hat, tut sich nix, aber auch rein gar nix. Die Kolostralmilch befindet sich bereits fast vollständig auf den 500 Teststreifen, die im Minutentakt den Experten der Facebookgemeinde vorgelegt werden. Aber das macht ja nix, die gute Milch kann das Fohlen ja auch später als Esspapier zu sich nehmen. Der Gurt des Geburtsmelders musste schon 3mal um je einen halben Meter verlängert werden. Die Harztropfen sind mittlerweile zu Bernstein mutiert und die

Beckenbänder haben die Länge eines Bungee-Seils. Aus dem Euter tropft, wie aus einem kaputten Wasserhahn, der klägliche Rest der Kolostralmilch. Die Geburts-App ist kurz vor der 400 Tage Schallmauer und gibt seit Wochen nur noch nervige Warnmeldungen ab. Aber die Stute gibt die Hoffnung auf einen Stromausfall anscheinend noch nicht auf, bei dem sie in aller Ruhe ihr Blag zur Welt bringen kann.

Der Besitzer hat dunkle Ringe unter den Augen und sieht aus wie ein Zombie. Der nächtliche Livesteam ist zwar kostenlos, aber die leider nur auf einen Zirkel begrenzte Reining einer tragenden Elefantenkuh in einer 3x3 Gitterbox reißt einen echt nicht vom Hocker. Das liegt aber sicher nur am fehlenden Slidingbeschlag. Die Bude sieht aus wie bei Flodders und bei Ankunft des Pizzalieferservice bellt nicht mal mehr der Köter. Es wird nichts mehr eingekauft und man ernährt sich aus Konserven. Da sich alles um das zu erwartende Fohlen dreht, gibt es auch kaum noch saubere Socken und Schlübber im Haus. Man schläft am besten in Klamotten mit der Taschenlampe in der einen und Handy in der anderen Hand. Die Tel von Vet und Klinik auf Kurzwahl programmiert.

Mindestens 10 mal pro Nacht stolpert man wie ein Schlafwandler in den Stall. Den 12 Kameras kann man ja auf keinen Fall trauen. Außerdem könnte der dunkle Fleck auf den Spänen (Sorry, ist leider nur ein etwas groß geratener Kackehaufen!) natürlich das lang ersehnte lackschwarze Fohlen (aus der Anpaarung zweier Füchse) sein. Aber genau diesen Kackehaufen muss man einfach sicherheitshalber noch mal aus der Nähe in Augenschein nehmen. Die Stute stutzt nur kurz, über das sonderbare Aussehen ihres nächtlichen Besuchs (Bademantel in Kombi mit Gummistiefeln) und konzentriert sich dann weiter kauend auf ihre Umfangsvermehrung.

Dann ist es endlich soweit. Man hat eigentlich nur "ganz kurz" in FB reingeschaut.....

Statt des erwarteten Riesenbabys in Sonderlackierung, liegt da ein winzig kleines Fuchs-Hengstfohlen mit 3 mal unregelmäßig weiß, schiefer Blesse und riesigen Muli-Ohren, das sich gerade die roten Locken trocken bibbert.

Ab jetzt läuft die Zeituhr. wann steht es, wann trinkt es, wann kackt es? Hengstfohlen haben da echt die "Arschkarte", meistens in Form eines Einlaufes, genau wie in freier Wildbahn! Dann wird es mit

Frotteehandtüchern trocken gerubbelt und der Nabel desinfiziert, ebenfalls genau wie bei den wilden Mustangherden. Die ersten Fotos im Stehen werden gepostet, auf denen es aber aufgrund der zahlreichen Wärmelampen und der albernen Decke ausschaut wie ein Dobermann im Rotlichtmilieu.

Nach 3 Tagen hat es bereits einen Equidenpass, ist geimpft und entwurmt. Aufgrund der verschiedenen Gentests, Farbtests und 5 Panel-Test hat es leider kein einziges Mähnenhaar mehr. Die Registration ist unterwegs. Es ist eingezahlt in SSA, NRHA, NSBA und ins Jungpferdeprogramm der EWU. Es hat eine OP-Versicherung und der Kredit für den Sattel aus dem Jungpferdeprogramm ist bereits aufgenommen. Es ist bereits gechipt und die Hufrolle ist vorsorglich geröntgt worden, nur die Wachstumsfugen geben noch Anlass zur Sorge...

Zwischendurch werden immer mal Fotos mit möglichen (einzelnen) weißen Haaren gepostet. Das heißt aber nicht, dass der Zosse so schnell gealtert ist, nein, er könnte ja noch zum Roan oder Rabicano mutieren. Die Hoffnung stirbt zuletzt. Viel einfacher ist es, sich im Baumarkt die Wunschfarbe mischen zu lassen und den Zossen um zu lackieren. Dann passt er auch perfekt zu den vorhandenen Showklamotten. Silber und Goldpartikel kann man gleich mit rein mischen, für Halter und Pleasure natürlich in Hochglanz. Für das Ranchhorse empfiehlt sich da eher Seidenmatt-Lack. Und bei dem Reiner wird der Kopp noch kurz in Deckweiß getunkt...

Bereits am nächsten Tag werden Bilder gepostet, auf denen das Fohlen trinkt, mit der Frage, ob diese komische Haltung später evtl. Kissing Spine auslösen könnte. Erwartungsgemäß springt einem nach fast genau 10 Tagen beim Öffnen von FB ein durchfallverschmierter grün-brauner Fohlenhintern ins Gesicht...

Ein passender Name wurde von der Facebookgemeinde noch nicht gefunden. Sie schwanken noch zwischen "Bo Frosty Lena", "Mulinator" und "Mendels Revenge"!!!

Der moderne Cowboy Teil 3:

„Das World-Wide-Web"

Die Prärie: unendliche Weite, mittlerweile komplett drainiert, mit Paddock-Platten ausgelegt und natürlich frisch abgeäppelt. Es ist Sommer und alle 831 Mustangs sind mit Fliegendecken und Masken im Zebraprint bestens ausgestattet. Über der gesamten Herde schwebt eine Wolke aus Teebaumöl, Fliegenspray, Bremsen Killer, und anderen extrem übelriechenden Substanzen. Die 293 Fohlen sind gesund zur Welt gekommen und werden nun 24 h videoüberwacht. Sie sind bereits gechipt, geimpft, Gen-getestet, haben einen Equidenpass und sind Saddlebroke. Ihre Maßsättel aus dem aktuellen Jungpferdeprogramm wurden bereits geliefert. Die passenden 2-Ohr-Küken-Kopfstücke mit 6,5 cm Correction Bit und die 3" dicken Pads mit rosa Lammfell in Größe XXX-S natürlich auch. Die Stuten sind alle tragend und ihre Ultraschallbilder (auf denen man so rein gar nichts erkennen kann) geistern bereits durchs Netz.

Aber eigentlich ist es jetzt "voll langweilig" in der Prärie...

Und so meldet sich der Westernheld schließlich bei FB an. Schnell das aktuelle HTC Winnetouch 3.0 bestellt. Das wird dann auch innerhalb 24 Stunden per Drohne geliefert. In der Fliegenspraywolke verliert sie allerdings kurz die Orientierung.

Dann kann es endlich losgehen...

Zuerst mal das Profil angelegt. Beziehungsstatus: Natürlich "Weiberheld". Mit den Abkürzungen kann er zuerst gar nichts anfangen, ist OMG `ne Automarke? Und was für eine Krankheit hat man bei "hast PN" ? Und wer soll hier wem "folgen"? Aber bei den verschieden Gruppen und Apps wird er schnell fündig: "Traumatische Geschichten von Tussenpferden", "Prüüüma-Problempferde 2.0", "Die Wildpferde Kollektion in Tarnfarbe Herbst/Winter 2016", "Der Pferdeflüsterer ist heiser, was nun?" und die Selbsthilfegruppe "Schibbi-Schabbi-Kaufrausch".

Gruppen wie "Heiße Eisen im Damensattel" und der "FKK Single Treff Dawson City" dürfen natürlich auch nicht fehlen.

einige Wochen später...
Der ehemalige „Rauchzeichendeuter" ist mittlerweile FB-Experte. Gelegentlich lässt er den "Helden in Strumpfhosen-Filter" über seine Freundesliste laufen. Auf diese albernen „Typen" mit Strass am Arsch kann er gut verzichten. Ab und zu reitet er noch zu Mces, aber meistens chattet er in FB mit seinen 3.897 Freunden und bestellt sich nur schnell `ne Pizza. Die ist dann aber immer kalt, da sie noch mit der alten Postkutsche geliefert wird ("Schneller `n bisschen Jim,......schneller `n bisschen Jake, ......schneller `n bisschen!")

Früher hat er noch gelegentlich `ne Bank überfallen, um seine Spielschulden zu zahlen, heute macht er "voll uncool" ne Überweisung per Onlinebanking.

Leider hat er jetzt kaum noch Zeit für andere Dinge...
Sein Pferd (der Gunner-Absetzer aus Teil 1) steht leicht dehydriert und apathisch im Corral und ernährt sich aus Konservendosen. Die Prärie wurde wochenlang nicht abgeäppelt und die Herde ist total verwurmt. Das Veterinäramt war auch schon zweimal da. Sie haben sich die Betriebsnummer notiert, die Tierseuchenkasse und den Sheriff per PN informiert. Die teuren Fliegendecken liegen zerfetzt am Boden und der 5 Sterne Luxus-Aktiv-Offenstall aus Tropenholz für die insgesamt 831 Mustangs ist bis zur Unkenntlichkeit zerkaut. Der Leithengst ist mit dem "Tussenpferd" aus Teil 2 durchgebrannt. Hatte ich eigentlich schon erwähnt, dass "sie" ein Wallach ist?...

...er heißt auch gar nicht Jacqueline sondern Detlef!!! duck und weg...

So, nun wird das aber Zeit, noch schnell `ne Pizza bestellen, und dann die Prärie aufräumen...

Der TT:

Je nach Einsatzort oder Ausbildung auch TD Turnierdepp (Bayern) oder EM (Equipment-Manager) genannt.

Der "Herr der Sprühköpfe" hat im Idealfall mehrjährige Erfahrung und ist eine gelungene Mischung aus Hairstylist, Make-Up Artist, Mistboy, Groom, Seelenklempner, Mc Gywer, Lastenschlepper, Krake, Regelbuchexperte und bestenfalls mit Führerschein Klasse B + BE ausgestattet. Im Idealfall handelt es sich um einen Bäckerlehrling, der es gewohnt ist um 2 Uhr nachts aufzustehen. Spätestens morgens um 4 Uhr sollte er mit dem Zossen fertig gestylt, gezöpfelt, mit der ersten Schicht Klarlack konserviert, in Sleezy und Decke gehüllt, die weißen Beinchen gekalkt und perfekt bandagiert, Schweif geflochten und eingesackt auf den Besi warten. Das Heunetz gestopft, Auto und Hänger gepackt, Kaffee gekocht und Navi bereits programmiert. Noch schnell dem hochnervösen Besi und dem verrückten Gaul je ein Fläschchen Notfalltropfen in den Hals kippen und los gehts.

Während der Fahrt sollte ein TT trotz angespannter Lage (der bekloppte Gaul testet während der Fahrt anscheinend die Haltbarkeit von Siebdruckplatten in einer Langzeitstudie...) völlig cool bleiben, das Navi bedienen/Karten lesen, den Kaffee reichen, bei Stau nicht nerven, nicht ständig "müssen" müssen und je nach Bedarf unterhaltsam, lustig sein, oder einfach stundenlang die Klappe halten.

Endlich angekommen sollte er, noch bevor der nervös stampfende Zosse dem Hänger den Rest gibt, den Paddock aufgebaut, das Stromgerät angeschlossen, Wasser vom anderen Ende des Areals mit einer quietschenden Faltkarre ran gekarrt haben, in der Meldestelle genannt und den schweißnassen Gaul aus seinem Testgelände befreit haben. Den Mistboy sollte ein perfekter TT bereits gezückt haben, noch bevor die Kacke Bodenkontakt hat. Die unzähligen Sprays dürfen auf keinen Fall verwechselt werden, und sollten im Notfall auch blind zugeordnet werden können. Großzügig morgens in dunkeln über das gesamte Pferd verteiltes Hufblack verringert die Lebenserwartung eines TT erheblich.

Äußerungen wie: "Scheiße, die Prüfung läuft schon!", "Weißt du schon, wer auch hier startet?", "Guck mal, das Outfit von der Alten ist ja echt der Hammer!" und "Mist, der Gaul hat sich total angeschissen!" sollte ein TT tunlichst vermeiden. Ein TT ist seelisch und körperlich extremsten Belastungen ausgesetzt. Den vollgestopften Grooming Bag, Hutkoffer, Leine mit Hund dran, Zügel mit in Richtung Gras/oder Ausgang zerrendem Pferd dran, Jacke, Chaps, Abschwitzdecke, Regendecke, Kaffee umrühren für den Teilnehmer und hektisches Blättern im Programmheft sollte er ohne Probleme gleichzeitig händeln können. Fragen zu den Pattern und deren technischer Ausführung sollte er ebenso beantworten können wie Fragen zum Regelwerk. Die Koordinaten der im Auto befindlichen 2 Mio. Ausrüstungsgegenstände im Kopf haben und die alles entscheidende Frage: "Wo ist die Meldestelle?" ohne zu zögern bereits vor Einfahrt auf das Turniergelände beantworten können.

Allein ein Grooming Bag, in dem wirklich nur das allernötigste zu finden ist, wiegt oft mehr als 20 Kilo. Die Autoschlüssel nimmt man als TT besser auch noch in Verwahrung, bevor der Reiter sie in der allgemeinen Hektik verdaddelt und man 5 Minuten vor Prüfungsbeginn auch noch einen Autoknacker auftreiben muss. Die Startreihenfolge der 3 nachfolgenden Prüfungen sollte ein TT incl. der Nachnennungen locker im Kopf behalten können. Trotz Blasen an den Füßen, sollte man in der Lage sein ca. 200 mal tägl. zur Arena zu wackeln, um der Anweisung: "Guck mal, wie weit die sind." unverzüglich Folge zu leisten. Trotz recht knapp bemessener Mittagspause von nur 10 Minuten sollte man es schaffen, sich an der einzigen Pommesbude auf dem ganzen Turniergelände durch die riesige Menschentraube zu quetschen, oder wahlweise bei Mces einen Veggie-Burger zu holen (wobei zusätzlich noch innerhalb des vorgenannten Zeitfenster der Hänger abzukuppeln ist...).

Der TT ist generell ein Mensch der sein Wochenende gerne in glühender Sommerhitze auf einem abgeernteten staubigen Maisfeld, bei strömenden Regen auf einem matschigen Abreiteplatz, oder auf einer, zum Paddockplatz umgestalteten Kuhweide verbringt, auf der es vor Tretminen und Monsterfliegen nur so wimmelt. Er sitzt auch gerne in einem überhitzten mobilen Plastik-Plumpsklo, in dem es noch nie Papier gab und auch nie geben wird. Das auch nach einer Woche Rockfestival nicht schlechter aussehen/riechen könnte und in dem man es auch mit viel Übung nicht schafft, die Luft entsprechend lang anzuhalten. Er liebt den ständigen Wechsel zwischen monotoner Warterei auf den Start bei über 100 Startern im Trail und den extremen Panikattacken bei Durchsage des eigenen Autokennzeichens. Oft gefolgt von einer kleinen Zusammenfassung des Ansagers über das Ausmaß der Katastrophe auf dem Paddockplatz. Die lausig kalten Nächte verbringt er gerne in einem nur notdürftig gereinigten und nach Pferdepipi duftenden Pferdeanhänger aus den frühen 70ern zusammen mit dem schnarchenden oder wahlweise schlaflosen und völlig aufgedrehten Besi und etwa 300 ausgehungerten Mosquitos.

Nachts geht er gerne noch mal mit dem Köter Gassi und flickt dabei völlig lautlos und ohne Murren den total zerlegten Paddock, um dann noch den Gaul abzugreifen, der sich grade in aller Ruhe die Arena Deko reinpfeift. Seine Hauptaufgabe besteht jedoch darin, das Pferd und Reiter, trotz widrigster Wetterbedingungen, trocken und sauber bleiben. Das gestaltet sich aber manchmal genauso schwierig, wie bei einer Wattwanderung die Tennissocken weiß zu behalten.

Im Falle eines Sieges sollte der TT außer der frisch aufgebügelten Paradedecke auch die gut gekühlte Magnum-Sektpulle und Plastikgläser bereithalten.

Viele Richter übersehen aber auch schnell mal die Qualitäten des Schützlings, da gilt es dann seelischen Beistand zu leisten. Sätze wie "Typisch, die ganze Runde Außengalopp von der eingebildeten Tussy hat der alte Sack mal wieder nicht gesehen!" und "War doch klar, den Gaul hat sie ja vom Richter gekauft!" sind da oft ganz sinnvoll. Taschentücher in Großpackung und Schokoriegel sind bei Niederlagen ebenso bereitzuhalten wie der Handspiegel zum nachschminken der verheulten Scary Movie Fratze. Äußerungen wie: "Ich wusste gar nicht, wie schnell so alte Richter noch laufen können!" und "Ich hätte nicht gedacht, dass sie es noch bis hinter die Bande schaffen!" sollten hier wiederum vermieden werden.

Den "Chapsmonteur" gibt es auch in mehr oder weniger brauchbaren Sonderausführungen:

„Der Papa-TT"
Schon von weitem an den unbeholfenen Bewegungsabläufen (hier fehlt es eindeutig an Feinmotorik) und dem extra großen Sicherheitsabstand zum Pferd zu erkennen (Westernzügel sind ja zum Glück etwas länger). Ständig hört man die Frage "Kind, willst du nix essen?", "Du musst doch mal was trinken!" Ein Papa-TT ist außerdem an seinem eingedeutschten Englisch und den laienhaften Fragen erkennbar: "Ich glaub Sunshine hat eine Blasenentzündung von der Hängerfahrt, die pinkelt ja dauernd!" Vom aufgebrezelten Töchterlein, die sich gerade mit der hochrossigen Stute auf dem überfüllten Abreiteplatz herumärgert kommt nur ein genervtes:" Papa!!!!"

„Der Opa-TT"
Lindgrüne Klamotten, beige Stoffhose mit Bügelfalte und Gesundheitssandalen. Oder komplett im Jägerlook mit Gamsbart am Hut, Handstock, Brille, Hörgerät (jedoch meist nicht an) oft mit Dackel im Schlepptau und leichter Schnappatmung trotz Luxus-Grooming Bag in Trollyform. Festhalten kann er leider nix, da die Bratwurst mit Senf seine volle Aufmerksamkeit erfordert und das mittelscharfe gelbe Zeug bereits dekorativ in seinem Bart hängt.

„Der Boyfriend-TT"
Weiße Sneaker und Chinos mit extrem tiefem Schritt. Durch die stark verkürzte Schrittlänge kommt es zu erheblichen Zeitverzögerungen bei der Anlieferung der verschiedensten Utensilien. Hinzu kommt meist eine defekte Warenerkennung. Statt des verlangten Fake Tail, kommt er z.B. mit der Trail Pattern angedackelt. Mit den Stöpseln im Ohr ist er eh nur begrenzt einsatzfähig. Da er mit den Dingern noch weniger hört als der Opa-TT und ständig auf sein Handy starrt, sollte man mit ihm am besten über Whats App kommunizieren. Er ist eigentlich nur ein Klotz am Bein ("Wann ist denn die letzte Prüfung, Schatzi?"..... " Schatzi, ich warte lieber im Auto auf dich") und kommt oft nur im äußersten Notfall zu einem zweiten Einsatz mit.

Der Satz: "Hol mal Kaffee, oder kannst du das auch nicht?" ist da völlig normal.

Der Inhalt eines Grooming Bag ist je nach LK recht unterschiedlich. In den Tiefen eines Freizeitreiter Bags findet sich oft eine kleine rote Schleife. Ein bereits im Vorfeld verhaltensauffällig gewordener XXL-Hintern ist bei solchen Veranstaltungen leider kennzeichnungspflichtig...

In einer Luxus Grooming Bag aus feinstem Nappaleder dürfen natürlich diamantenbesetzte Startnummernclips nicht fehlen. Die Auswahl an Sprays und Düften entspricht in etwa dem Sortiment einer mittelgroßen Drogerie. Ersatz Chicagos aus 925 Silber, Feuchttücher mit echtem Nerzöl und Leckerlis mit Kaviar und Trüffel. Außerdem verfügt die Luxus Grooming Bag über W-LAN Hot Spot und die Möglichkeit das Handy aufzuladen. Um die Wartezeit zwischen den Starts zu verkürzen sollte die Platin-Kreditkarte nicht fehlen. Der Kauf eines versehentlich zu Haus vergessenen Showsattels für rund 10.000 Flocken sollte auf jeden Fall drin sitzen.

Ach ja, der Fake Tail sollte auf jeden Fall am Heck montiert werden, siehe Foto....

Verhaltensregeln für Pferde:

Dein „Besi" & Du

Wenn du eine Pfütze siehst klettere sofort auf den Menschen neben dir. Bei furchtbaren Dingen verfahre ebenso.

Wenn du mit der Reihenfolge nicht einverstanden bist, in der du rein geholt wirst, buddel einfach hektisch einen tiefen Krater in der Größe eines Kleinwagens.

Wenn du dringend deinen Besi sehen möchtest, verkloppe grundlos deine Kumpel, friss Sand oder kippe das Wasser um. Alternativ kannst du dich auch unbeholfen in die Litze wälzen.

Wenn du nicht rein willst, tu so als würden deine nassen, kalten Ohren beim Aufhalftern abbrechen.

Bei Eisregen renne erstmal in die hinterste Ecke der Wiese und spiele Fangen, bis dein Besi Außentemperatur erreicht hat.

Wenn du ein Hengst oder Wallach bist reiße alles Heu aus der Raufe und pisse rein.

Sturm ist auf dem Reitplatz und im Gelände lebensbedrohlich, wenn du auf der Wiese stehst ist das scheißegal.

Wenn du keine Lust auf Reiten hast humpele einfach. Merke dir aber welches Bein du dir ausgesucht hast.

Eine Kolik vorzutäuschen macht weniger Sinn, es sei denn du liebst Spritzen und hast gerne nen halben Vet im A....

Wenn du äppeln musst, tu das einfach da wo du gerade bist. Wenn du es schaffst laufe noch schnell rückwärts zum Futter. Den höchsten Schwierigkeitsgrad jedoch haben Selbsttränke und Putzbox.

Falls du beim Reiten äppeln musst, halte erstmal an und überlege minutenlang, ob dir der Ort zusagt.

Gemeinsam macht bocken mehr Spaß: Warte bis das "Tür frei" Signal ertönt, dann könnt ihr im Kollektiv ausflippen...

Turniere sind extrem stressig, da brauchst du ein dickes Fell. Am besten in Form einer Schlammkruste.

Besis stehen total auf Fotoshootings. Sorge dafür, dass es ein unvergessliches Erlebnis wird z.B. mit grünem Schleim auf dem Hochzeitskleid, einem völlig zertrampelten Rapsfeld oder plötzlichem Durchfall bei den Schwimmbildern.

Mache alle Übungen brav mit, wenn du mit deinem Besi alleine bist. Sobald Zuschauer da sind, tu so als hättest du deine Alzheimer Tabletten vergessen. Auf Turnieren verfahre ebenso.

Merke: Reitbeteiligungen können zwar "Hufen auskratzen" und evtl. noch "lonsieren", aber nicht reiten. Sie haben eine "Schibbi-Schabbi-Farb-App" aber keine Ahnung. Auf deinem Rücken haben sie also nix zu suchen.

Wenn dir die Farbe deiner Decke nicht zusagt, bitte deinen Kumpel sie zu schreddern. Ein 1000-Teile-Puzzle in 3D überfordert jedes Decken-Reparaturset. Alternativ kann man sie als Reitplatzbelag nutzen.

Leckerlis befinden sich immer in weißen Blusen. Finger sind nix für Vegetarier, die kannst du wieder ausspucken.

Erziehe deinen Menschen. Lass ihn aber in dem Glauben er sei der Boss

Vor der Hängerklappe kannst du am besten deinen Besi nachäffen (fauchender zweibeiniger Drache), das erspart dir so manches "Auswärtsspiel".

Wenn du es schaffst renne rein, nimm einen Happen Futter und düse wieder raus. Wenn die Stange drin ist = Game Over!!!

Damit die Insassen nachvollziehen können wie du dich da drinnen fühlst, lasse das Zugfahrzeug an Ampeln Hüpfbewegungen machen.

Egal wie kurz die Fahrt auch sein mag, bis zur Ankunft musst du total aufgelöst und nassgeschwitzt sein. Der Monsterhaufen hinter dir sollte deinem gesamten Darminhalt entsprechen, so dass du auf keinen Fall rückwärts aussteigen kannst. Dein Schweif sollte ein dreckiger, total verfilzter Lappen mit undefinierbarer Grundfarbe sein. Die Transportgamaschen kannst du am besten ausstrampeln und hektisch piaffierend nach hinten Richtung Monsterhaufen befördern. Damit das ganze Elend nicht am Boden kleben bleibt empfiehlt sich zusätzlich die Entleerung der Blase.

Merke:
Bei all diesen Spielchen hast du 7 Leben, wenn du die vergeigt hast wirst du verkauft...

Der Lipizzaner:

Der Lipizzaner wird im Gestüt Piber in pflegeleichtem Braun oder Schwarz geboren. Leider mutiert er schon ein paar Jahre später zu einem äußerst pflegeintensiven schneeweißen Ballettfuzzi. In seiner Kindheit läuft er aber nicht wie erwartet im rosa Tütü mit dem Geissenpeter um die Wette. Nein, er übt sich erstmal im Bergsteigen, um seinen Arsch zu "definieren". Quasi modernes Bodyforming während der Brotzeit auf der Alm. Das schafft eine "aktive" Hinterhand für das spätere Bocken und Steigen. Den Großglockner schafft er bereits als Absetzer ohne Inhalator. Durch die starke Sonneneinstrahlung in den Bergen und dem übermäßigen Genuss von Edelweiß verliert er mehr und mehr an Farbe.
Nach seiner Jugend in den Bergen zieht der 4-jährige schon leicht ergraute Jüngling um in die spanische Hofreitschule in Wien. Es handelt sich hierbei um eine reine Männer-WG, in der es aber erstaunlicherweise recht spießig zugeht und so gar nicht wie in einer versifften Junggesellenbude aussieht.

In dieser staatlich geförderten Ballettschule für pubertierende Junghengste ist die Zeit anscheinend bei König Ludwig dem XIV stehengeblieben. In einem harten langen Winter wurde kurzerhand ein Ballsaal zur Reithalle umfunktioniert. Da sie mit 15 x 30 Metern recht klein war, wurden die Aktivitäten der weißen Hengste einfach in den "Luftraum" ausgedehnt. Die riesigen antiken Kronleuchter hängen recht hoch unter der Decke, um bei der sonntäglichen "Problempferdequadrille" nicht im Weg zu sein. Statt der adeligen Gesellschaft mit den weiß gepuderten Perücken tanzen dort nun die weiß gepuderten Zossen zu Beethoven und Bach (aus der Reihe). Die antiken Samtschabracken aus dem 17. Jahrhundert, die noch aus den ehemaligen Wandbehängen des Ballsaals genäht wurden "duften" schon recht streng nach Mottenkugeln. In den Sätteln sitzen leicht verstaubten "Fluglotsen", die aussehen als wären sie soeben aus dem Ölgemälde einer Habsburger Ahnengalerie gestiegen.
Die Reiter sind alle komplett durchgestylt im Napoleon-Look. Sie tragen einen kaffeebraunen langen Reitfrack, weiße Thrombose-Strümpfe aus feinstem Hirschleder und einen selbst gefilzten Zweispitz. Die zarten

Fingerchen stecken in butterweichen Rehleder-Handschuhen. Das einzig moderne an diesem mittelalterlichen Szenario sind die coolen schwarzen Overknees, die an den zarten Storchenbeinchen allerdings etwas Oversized wirken. Bis auf die Stiefel sind die Kostüme fast 200 Jahre alt und stehen ebenso unter Denkmalschutz wie die Oberbereiter.

Die Gerte ist traditionell aus Birkenholz gefertigt. Aus dem Stamm einer 7-jährigen Birke schnitzt der Eleve seine Gerte. Dieser "Birkenstock" ist vor der Benutzung einen Tag in Wasser einzuweichen. Aufgrund dessen wird er anscheinend des Öfteren viel zu spät benutzt, denn die scheinbar geklonten weißen "Mozart-Kugeln" bocken und steigen sogar während der Vorführung. Nur durch das in Sattel und Strumpfhose eingenähte Klett ist es den Reitern möglich, bei diesen halsbrecherischen Aktionen nicht die Balance zu verlieren. Leider ist das Leichttraben so nicht möglich, was die Haltbarkeit der Bereiter nochmal deutlich verringert.

Einigermaßen händelbare Exemplare werden am Langzügel vorgestellt. Da sich das Napoleon Double dabei direkt hinter dem "definierten" Pferdearsch befindet wird dieser Job von den noch nicht so "mitgenommenen" Bereiter-Anwärtern erledigt. Sie können erstaunlicherweise noch aufrecht gehen und sind auch noch besser zu Fuß als die Oberbereiter, die schon eher zum toten als zum lebenden Inventar gehören. Die ganz wilden Exemplare werden zwischen 2 Pilaren gearbeitet, das sind 2 stahlverstärkte Betonpfosten in der Mitte des Ballsaals. Vermutlich weil kaum einer von den blassen dürren Herren in Strumpfhosen in der Lage wäre, diese piaffierenden Haferbomber festzuhalten. Das Spital ist übrigens gleich nebenan...

Lipizzaner haben oft einen Ramsschädel, einen kurzen dicken Hals und eine starke Hinterhand vom vielen Steigen. Das schüttere Mähnenhaar wird traditionell nach links gekämmt. Überhaupt ist hier alles sehr konservativ und traditionell. Es wird streng nach Reitvorschrift geritten. Die Sättel und Trensen hängen mit millimetergenauen Abständen frisch gefettet in der barocken Sattelkammer. Für die Reitstiefel, in denen fast 24/7 müffelnde Männerfüße stecken, steht ein Stiefelsaal mit anschließender Geruchsschleuse zur Verfügung. Anhand der Anzahl der Goldbordüren an den Schabracken erkennt man die Zahl der bereits verblichenen Oberbereiter, die nötig waren, um diese Meister der Flugakrobatik auszubilden. Ebenfalls aus Tradition gibt es 1-2 braune Hengste in der Hofreitschule, die sollen Glück bringen. Zumindest ihem Pfleger, denn der kann morgens 3 h länger pennen...

Die Stallmeister äppeln die Ställe im Schichtdienst rund um die Uhr ab, dennoch sehen einige morgens aus wie "Apfelschimmel". Bis zur Morgenarbeit um 10 Uhr müssen sämtliche "Wartungsarbeiten" an den Hengsten abgeschlossen sein. In der lichtdurchfluteten Winterreithalle sieht man wirklich jeden Fliegenschiss auf den adeligen weißen Zossen. Die Eleven sehen aus wie Mozart als Teenager und dürfen erstmal 2 Jahre an der Longe rumgurken bis schließlich das Brett im Rücken entfernt werden kann. Diese Sitzschulung ist äußerst wichtig für die 200 Jahre alten Kostüme. Der Reiter darf sich unter keinen Umständen bewegen, das würden die antiken mottengeplagten Klamotten nicht überleben. Die Bereiter-Anwärter sind schon etwas weiter und dürfen die wilden „Mozartkugeln" ganz alleine durch die Waschanlage begleiten. Hier werden sie einmal wöchentlich grundgereinigt. Die Pipiflecken werden je nach Bedarf mit Tiefengrund vorbehandelt und dann mit Deckweiss übergestrichen, ebenso wie der "Grau"-Schleier der Youngsters.
Am Ende dieser fragwürdigen Ausbildung (Ziel: Bocken und Steigen mit und ohne Reiter!) bekommt der weiße "Flugexperte" einen schneeweißen Sattel und ein goldenes Zaumzeug überreicht und wird zukünftig mit „Professor" angesprochen.

Erstaunlicherweise hat dieser "Professor" kein einziges graues Haar, sein "Oberbereiter" dafür um so mehr...

Der Retriever:

Der Retriever ist als Welpe fast weiß und noch schön sauber. Das ändert sich aber recht schnell. Vom süßen cremefarbenen Wollknäuel mutiert er schon bald zu einer sabbernden, gelben Schlammkugel. Die Ursprungsfarbe ist später nur noch kurz beim Duschen erkennbar. Er passt daher optisch sehr gut zu Haflingern und Norwegern in Offenställen (natürlich ohne Drainage!) Sein Fressverhalten schlägt den Hafi allerdings um Längen.

Wenn man ihn beim Essen beobachtet wird eins ganz schnell klar: Der Goldi ist weder ein Genießer noch ein Feinschmecker. Damit es recht schnell geht und er möglichst keine Spuren hinterlässt, frisst er die Verpackung meistens gleich mit. Durch einen Gendefekt fehlt ihm jegliches Sättigungsgefühl. Auch der Geschmackssinn scheint wenig ausgeprägt. 2 kg Frittierfett schmecken ihm ebenso wie eine Tube Wund- und Heilsalbe oder die Reste vom Angussverband in der Stallgasse.

Der Inhalt des Kühlschranks trägt Angora! "Super, alles meins!" Fast täglich steht Sauerkraut auf seinem Speiseplan. Aufgrund der unglaublichen Futtermassen sollte man direkt nach dem "veganen Nachtisch" eine Schaufel bereithalten. Aber Vorsicht: Als Wiederholungstäter frisst er das Ganze auch gerne nochmal. Die Fahrt zum Tierarzt ist nicht zwingend notwendig, da der Magen eines Retrievers ohne Probleme auf Fußballgröße gedehnt werden kann. Eine "Umfangsvermehrung" bedeutet beim Goldi also nicht zwangsläufig Krebs im Endstadium. Hundefutter sollte man nur in Säcken bis max. 5 kg kaufen, ansonsten besteht Explosionsgefahr. Bei Veranstaltungen jeglicher Art im Umkreis von ca. 5 km (z.B. Grillpartys) braucht er gar kein Futter. Er sieht das allerdings ganz anders. An Tagen der Müllabfuhr sollte man ihn nicht ohne Aufsicht raus lassen, da er sonst die korrekte Mülltrennung der gesamten Siedlung kontrolliert. Nach ca. 10 Minuten sieht es aus, als wären alle Mülltüten der Umgebung ferngezündet worden.

Der Retriever ist leider nicht geruchsneutral. Er müffelt nicht nur ein bisschen nach Hund, sondern oft wie ein komplettes Tierheim. Sein

Lieblingsdeo heißt: "Nasser Hund" mit einem Hauch von Fisch, Moder oder totem Tier. Wenn man die Augen schließt hört man förmlich die Möwen kreischen, die sich wahlweise auf einer Müllkippe oder auf einem Fischkutter befinden. Einen Großteil seines Lebens verbringt er daher mit duschen und der anschließenden stundenlangen Trocknung (unter Aufsicht!) Ein verstopfter Abfluss und 5 Staubsaugerbeutel pro Woche sind ganz normale Begleiterscheinungen eines Goldis. Alleine die Zahl der Hundehaare, auf dem für ihn "verbotenen" Sofa, reicht aus um einen Allergiker töten.

Wenn man ihn zum Pferd mitnimmt muss man ihn ständig im Auge behalten. Falls er in der Futterkammer nicht fündig wird, saugt er noch mal schnell die Futterkrippen aus, bevor er sich dann ans abäppeln macht. Zwischendurch nimmt er gerne ein Vollbad in den gerade frisch aufgefüllten Wasserbottichen. Von den verbleibenden 2 Liter kann der Zosse danach durchaus eine Sandkolik bekommen. Direkt nach dem Bad sucht er die Nähe seines Herrchens, um sich unmittelbar neben ihm wie eine Zentrifuge zu schütteln.

Aufgrund seiner Fresssucht fällt es ihm recht schwer beim Ausritt Schritt zu halten. Er ist recht kurzatmig und auch oft auf Abwegen, vor allem in der Grillsaison und an den Tagen der Müllabfuhr. Enten und andere Wasservögel findet er zwar Klasse, aber zur Not tut es auch ein unbeaufsichtigtes Suppenhuhn. Er ist nicht nur verrückt nach Wasser, sondern auch nach Schlamm und Dreck aller Art. Auf seinen Beutezügen landet er schon mal im Tierheim. Aufgrund einer zeitweiligen "Amnesie" kann er sich leider gar nicht erklären, wie er total verdreckt und nass mit Entengrütze auf dem Kopp, da hingekommen ist.

Seine dicke müffelnde Unterwolle scheint nie zu trocknen. In einem Reiterauto, das bereits nach verschwitzten Pads und feuchten Abschwitzdecken müffelt, ist seine Anwesenheit im Kofferraum sogar mit einer dicken Erkältung problemlos zu erschnüffeln. Als Retrieverbesitzer fragt man sich oft, warum der Heckscheibenwischer nicht innen sitzt? Während des Trockenvorgangs hechelt er nahezu ständig. Ähnlich wie bei einem Kondenstrockner, scheint er dabei das Wasser in Speichel zu verwandeln. Beim Anblick essender Menschen scheinen ähnliche chemische Vorgänge in seinem Maul abzulaufen. Dazu kommt dann noch der Hypnose-Leberwurst- (ist aber auch scheißegal, ich fress alles) Blick.

Anders als ein Shepherd, der immer die Nähe seines Menschen sucht, befindet sich der Retriever immer in der Nähe von Esstisch, Grill, Mülleimer oder Tümpel. Beim Essen ist er aber keinesfalls wählerisch. Hundefutter in 9 verschiedenen Geschmacksrichtungen macht echt keinen Sinn für einen Hund, der mit Begeisterung seine eigene Kotze frisst. Als Drogen- oder Sprengstoff-Suchhund kommt es daher öfter mal zu "Zwischenfällen".

Apportieren ist seine absolute Lieblingsbeschäftigung. Essbare Dinge eignen sich hierfür jedoch nicht. Die Wartezeit bis man sie wieder sieht ist einfach zu lang. Falls man sie dann überhaupt noch sehen möchte. Einen Tennisball verwandelt er innerhalb kürzester Zeit in eine matschige gelbe Schleimkugel, bei der man heilfroh ist, wenn er sie nicht wiederfindet. Entenjagd findet er auch Klasse, aber nicht mit diesen spärlich bekleideten Latex-Hühnern, die aussehen als hätten sie auf einer Streckbank ihr Leben gelassen, sondern mit echten Enten. Da sollte man als Jäger aber recht flott sein, bevor der bleihaltige Flattermann auf nimmer Wiedersehen in seinem Rachen verschwindet.

Fazit: Apportieren kann man auch super mit dem Magen...

    ...falls denn noch was reinpasst!

Das Kaltblut:

Spätestens wenn die Waage dauerhaft "Error" anzeigt muss ein Kaltblut daher. Vorher sollte man sich aber überlegen, das die XXL Ausrüstungsgegenstände den Kaufpreis eines Kaltbluts weit übersteigen. Selbst bei Internet-Versandhäusern gilt das "Versandkostenfrei" nicht für Kaltis. Alleine die Grundausstattung (Sattel, Trense und Schabracke) kann nur als Sperrgut auf Europalette verschickt werden. Der Sattelgurt ist eine Sonderanfertigung von über 2m Länge. Er ist besonders reißfest, so dass der dicke Wonneproppen gefahrlos durchatmen kann, ohne das der Gurt dabei explodiert und man samt Sattel wie in einem Schleudersitz in die Luft katapultiert wird. Decken brauchen sie eher weniger, aber wenn, dann tut es auch ein BW-Mannschaftszelt.

Mit Springgamaschen und Glocken in XXXXXL an den dicken Beinchen geht er sogar beim "Mächtigkeits"- Springen an den Start. Dabei bevorzugt er allerdings die "Bud Spenzer-Technik". Die massiven Rundhölzer zersplittern dabei wie Mikado Stäbe. Bei der Mauer kommt auch schon mal sein Dickschädel als Abriss-"Birne" zum Einsatz.

Der Hänger ist eine Sonderanfertigung und sieht aus wie eine Kombi aus Tieflader und Überseecontainer, beladen mit 2 schon fast mangelernährten Kaltis von je 1.200 kg + Zugfahrzeug gilt das ganze bereits als Schwertransport und ist genehmigungspflichtig. Erlaubt sind somit nur Reisezeiten zwischen 22 und 6 Uhr mit Begleitfahrzeug, Rundumleuchte und Überbreitenschild. Für Steigungen ab 10% sollte man immer 2 Notfallgeschirre dabeihaben. Das Warndreieck wird dabei direkt am Hinterteil befestigt.

Aufgrund der recht schlechten Hufe sind seine XXL Treter meistens beschlagen. Die Eisen haben in etwa Gullydeckelgröße. Der Besuch beim Schmied kostet beim Kalti mindestens das 3-fache (Bandscheiben-OPs und Reha sind bereits im Preis enthalten). Selbst bei einem magersüchtigen Modell mit nur 1.200 kg sind das immerhin 300 kg pro Bein, die es zu stemmen gilt. Für weibliche Kaltibesitzer macht blau-schwarzer Nagellack für die Farbanpassung der restlichen Zehen durchaus Sinn. Besondere

Vorsicht ist selbst mit Stahlkappenschuhen geboten, bei 1,5 Tonnen Lebendgewicht mutiert das ach so niedliche "Schatzi" schnell zur Schrottpresse. 1.500 kg Kampfgewicht entspricht in etwa einer Wurmkur pro Bein. Medikamente verdrückt er gleich in Klinikpackungen. Beim Sedieren braucht er `ne Elefantendröhnung und man sollte vorher genau berechnen, wo der Luxuskörper aufschlägt, sonst endet man wie bei Tom und Jerry.

Sie sind schon als Fohlen extrem adipös und werden beim Ballettunterricht oft von Warmblutfohlen gemobbt. Seine bevorzugte Gangart ist der Schritt. Kaltblüter sind extrem verfressen und inhalieren 1 Zentner Hafer innerhalb weniger Sekunden. Wenn andere Rassen schon längst akute Rehe haben, ist der Kalti gerade mal "satt". Die Beine sind so stabil wie die Hydraulikstützen eines Krans. In den dicken Gelenken ist allerdings auch jede Menge Platz für Kalkablagerungen (Arthrose). Der Kopf ist überdimensional groß und der buschige Schopf ist oft in einem modischen "Pottschnitt" extrem gerade abgeschnitten (siehe aktuelles Styling von "It-Boy" Hurrican). Schopf und Mähne sehen aus wie weichgespült und sind ähnlich fluffig wie beim Hafi. Der Kötenbehang unterstreicht die gedrungene Figur und lässt die dicken Stummelbeine noch einen halben Meter kürzer erscheinen. Die Ladezone ist recht kurz und aufgrund der hohen Zuladung oft durchgehangen. Ihr Arsch ist immer zweigeteilt, je nach BMI schwankt das Ausmaß zwischen "Maurerritze" und "Marianengraben".

In der Reithalle ist er aufgrund seiner "elfenhaften" Bewegungen in Verbindung mit einer "erdbebenartigen" Geräuschkulisse recht selten anzutreffen. Dort hat er aufgrund seines Kampfgewichtes praktischerweise immer Vorfahrt.

Kalti-Reiter sind oft recht unsportlich. Für sie ist der gemütliche "Kalte" eher eine mobile XXL-Couch. Es fehlen eigentlich nur noch Chips, Fernbedienung und Armlehnen mit Getränkehaltern. In der Mitte des Zirkels (für alle sichtbar) nach Vorschrift aufzusteigen ist für den XXL-Fan mit Größe 56 recht peinlich. Hat man es Zuhause geschafft sich ohne fremde Hilfe in die Stretch-Reithose Größe 52 zu zwängen, muss man nun das ganze Kampfgewicht (zumeist ohne Hocker) auf das kreiselnde

Gewichtsträgertier (ohne Widerrist!) wuchten. Und das möglichst in dem Moment wo keiner guckt und in der Hoffnung, dass der Stretch-Anteil auch ausreicht. Endlich im Sattel mit Kammerweite 42 angekommen, sollte man auf jeden Fall Spagat können. Bei dem ausladenden Po des Kaltis, wirkt der Arsch des Reiters allerdings gleich 2 Konfektionsgrößen kleiner. Beim Modell mit den kupierten Stummelschweifen sind es sogar 3 Größen. Weiße Reithosen sollte man aufgrund der "Golfballoptik" vermeiden.

Die meisten Kaltis sind anscheinend Alkoholiker. Nahezu ständig ist er mit seinen Kumpels auf Sauftour unterwegs. Die dicken Jungs können 'ne Menge vertragen und haben immer einen ganzen "Bollerwagen" voller Bierfässer im Schlepptau. Die fast 100 Fässer reichen aber meist nur bis zur nächsten Brauerei. Damit sie in diesem Zustand nicht vom Weg abkommen ist oft ein Reisebegleiter nötig. Die stämmigen "blauen" Jungs tragen dabei extrem schwere Geschirre mit Holzkragen, Ketten und jede Menge blau-weißen Dekokram dran. Allein die Riesen Kopfstücke mit den DIN A4 großen Augenklappen und den 20 cm breiten Gebissen sind so schwer, dass ein Warmblut darunter zusammenbrechen würde. Mit gerade mal 1PS haben sie mehr Kraft als so manch Monstertrecker. Nur 2 Kaltis reichen aus, um einen Planwagen kilometerweit durch die Pampe (Watt) zu ziehen. Als Holzrückepferd holt er nicht nur den illegal gefällten Weihnachtsbaum (von knapp 10 Metern Länge) aus dem Stadtpark, sondern gleichzeitig auch noch 10 Festmeter Holz für den Kamin. Im Winter kann man ne ganze Kindergartengruppe mit bis zu 50 Schlitten dranhängen.

Der Flurschaden eines Kaltis ist allerdings enorm. Deshalb zahlt man mit so einem "XXL-Vertikutierer" demnächst sogar den 6,5-fachen Satz an Pferdesteuer. Im Gegensatz zu einem Araber mit dem Faktor 0,3, der ja kaum Bodenkontakt hat. Im Ackerbau werden diese "Giganten" auch öfters eingesetzt. Das Saatgut stampfen sie dabei ohne viel Aufwand einfach in den Boden. Aber auch Gras, Getreide und Füße. Sie machen da keinen großen Unterschied. Ihr Alter wird wie bei einem Trecker in Betriebsstunden angegeben. Beim Treibstoff ist das Mischungsverhältnis von 1/25 in Volllast ähnlich wie beim Trabi (1 Teil Heu auf 25 Teile Hafer). Damit das tonnenschwere Koloss bei dem tierischen Hafer- und Alkoholkonsum nicht völlig außer Kontrolle gerät, wenn sich die Leinen im

Schweif verheddern hat man bei den Hochleistungsmodellen vorsichtshalber den Schweif gestutzt. Sollte es doch mal passieren bannt es sich zielstrebig mitsamt Brauereiwagen, Ackergeräten, Mammutbäumen oder was auch immer gerade dranhängt seinen Weg in Richtung Heimat. Selbst Straßensperren, unwegsames Gelände und zu klein geratene Scheunentore können ihn nicht aufhalten. Direkt an der heimatlichen Haferkiste kann man ihn dann in Empfang nehmen.

Bei einer normalen (Tages)-Ration von 25 Ballen Heu auf 1kg Hafer hat er übrigens das Temperament einer Schildkröte.

Der Tinker:

Der Tinker entstand aus vielen englischen Rassen, wie Clydesdale, Hackney, Dales usw.. Alle Nachkommen dieser Rassen, die auch nur entfernt wie eine Kuh aussahen, wurden damals ausgemustert und an die Traveller (das fahrende Volk) verschenkt. Damit sie die Tinker besser von den irischen Weidekühen unterscheiden konnten züchteten sie die extremen Puscheln an diese beliebten kleinen "Trampeltiere". Bei ihnen zogen sie die schweren Zigeunerwagen. Manche Tinker meinen heute noch, ständig so ein Ding im Schlepptau zu haben, wenn sie mal wieder 150 kg Männer beim Führen oder Longieren wie eine Puppe durch die Gegend schleifen. Oder gleich mit einem kompletten Anbinder unterwegs sind. Damals mussten sie von dem leben, was am Straßenrand zu finden war. Die ständige Futtersuche (z.B. in Jackentaschen) und das Fressen während des Reitens sind also genetisch bedingt, und keineswegs die Folgen mangelnder Erziehung!

Jakobskreuzkraut gab es dort wohl nicht am Straßenrand, sonst wäre uns die Invasion dieser irischen "Reit-Kühe" wohl erspart geblieben...

Warum der Tinker so beliebt ist, kann man eigentlich gar nicht nachvollziehen. Er ist vom Preis-Leistungsverhältnis gesehen total überteuert, recht stur, sieht aus wie `ne Kuh (bis auf die fehlenden Ohrmarken), ist ständig dreckig, hat Füße wie eine seltene Hühnerrasse, stolpert häufig, hat einen albernen Schnauzbart und lange Ziegenbarthaare am Kinn, einen großen Kopf (oft mit Ramsnase und vergleichsweise geringem Inhalt), er hat keine Papiere (falls doch heißen seine Ahnen alle "Unbek.") Er hatte eine sehr schwere Kindheit, war oft sich selbst überlassen und für seine Ausbildung fehlte das Geld ebenso wie für geregelte Mahlzeiten. Mit seinen XXL-Tretern verwandelt er den Boxeninhalt in Rekordzeit in eine stinkende homogene Masse und seine Wiese in einen Acker, was will man mehr?

Beim Reiten ist der Tinker der Meinung er müsste nicht nachgeben, sondern "aushalten". Er wartet einfach bis der Mensch mit ziehen fertig ist. Das kann ruhig auch etwas länger dauern, er ist da absolut schmerzfrei und hat scheinbar Zeit ohne Ende. Der Sinn des Ziehens und vor allem des dazugehörigen Nachgebens (besser wäre das) erschließt sich ihm einfach nicht. Das Problem wird durch die üblichen Tinkergebisse (dicke Gummitrense mit Apfel Geschmack und beidseitig 2 Gummischeiben, damit bloß nix drückt) noch potenziert. Bis auf ein immer breiteres "Grinsen" passiert da rein gar nix. Besonders wenn der ahnungslose "Freizeitreiter" gerade mit seinem Puschel in Endgeschwindigkeit auf eine stark befahrene Straße zusteuert, wird die Schmerzfreiheit in Kombi mit den stark verzögerten (oder gar nicht vorhandenen) Reaktionen schnell zum Horrortrip. Manchmal hat man Glück und der Gaul hat plötzlich Hunger oder muss äppeln, das erledigt er am liebsten in Park-Position. Der Versuch einen Tinker mit einem Flauschehalfter zu führen ist genauso sinnfrei wie einen Münsterländer beim Anblick eines Karnickels nur durch Rufen aufhalten zu wollen. Manchmal denkt man beim Reiten: Ist der jetzt so schlau? (was eigentlich ja nicht sein kann), oder ist der so blöd? (klares: ja), oder hat er etwa Alzheimer? Bei ihm bereits bekannten Lektionen schwankt seine Reaktion zwischen "ist mir anatomisch nicht möglich" über "völlige Ahnungslosigkeit" bis hin zu "schwerer Demenz". Aufgrund seiner ehemaligen Heimat wäre auch Rinderwahn nicht gänzlich auszuschließen. Ausgekugelte Schultergelenke, Blasen an den Händen und blaue Zehen sind völlig normale Begleiterscheinungen eines Tinkers, genauso wie die mitleidigen Blicke von Sportpferdereitern.

Manche Tinker sehen dressurmäßig geritten ja ganz nett aus, aber die Richter (90+ mit Handstock und Melone) sehen das leider anders. Bunte Pferde mit Megapuscheln sind den betagten Herren sogar schon in Jugendreiterprüfungen ein Dorn(enbusch) im Auge und so manches Kind verlässt heulend mit seinem Trampel das Viereck. Manchmal ist das allerdings auch kein Wunder:
Das gepflegte Dressurviereck pflügen sie mit ihren Tellerminen innerhalb einer Prüfung so um, das man anschließend einen Allradschlepper zur Begradigung braucht. Außerdem muss der Hufschlag immer wieder aufgefüllt werden, da sie sonst diesen "Schützengraben" nicht mehr aus eigener Kraft verlassen können. Der Boden dröhnt dermaßen unter ihren Tretern, das die LPO- Aufgabe mit einem Megafon vorgelesen werden muss. Die (aufgrund der Haarmenge) fußballgroßen Gnubbelzöpfe, welche

von entsprechend großen orangen Einweckgummis zusammengehalten werden, passen so gar nicht ins Bild eines noblen Dressurpferdes. Aus den blütenweißen Bandagen gucken unten büschelweise die pipi-gelben Haare raus. Das kurz vor der Prüfung im Vorbeigehen noch schnell gerupfte Grasbüschel trieft als grüner fadenziehender Schleim aus dem (nicht nur wegen der Kandare) völlig überfüllten "Kuhmaul". Meistens hat sich, das vorher blütenweiß geschrubbte Exemplar, Sekunden vor dem Einritt ins Dressurviereck, mit einem durchfallartigen "Angstschiss" noch mal eben schnell die Sprunggelenke und den ehemals weißen Schweif komplett vollgekackt. Und wenn man dann noch das Pech hat, und nicht genügend Fliegenspray aufgetragen hat, wird die spinatähnliche Masse mit den geschätzten 3 Mio. Schweifhaaren wie ein warmer (grüner) Sommerregen auf die Zuschauer verteilt.

Die Herren mit der Melone sitzen da leider auch...

Also am besten vorher alle überflüssigen Haare entfernen (und das sind locker 5 Mülltüten voll!), dann noch mal schnell mit nem Hochdruckreiniger drüber, fertig!!!

Alternativ: "Brazilian Waxing"...

...Schmerzfrei ist er ja!!!

So, ihr Lieben, ich hoffe ihr hattet beim Lesen meiner Texte, die ich mir fast immer beim Abäppeln ausdenke, genauso viel Pipi in den Augen, wie ich beim Schreiben. Egal, wie oft ich es lese, ich muss immer wieder lachen. Sogar der Korrekturleser lag weinend unterm Tisch und musste seine Arbeit ganze 2 Tage wegen einer fiesen Zwerchfellentzündung unterbrechen.

Ich bin denn mal die Prärie abäppeln...

...ich brauch ja noch Stoff für Teil 2!!!

Hier noch schnell ein Outtake aus dem Rechtschreibprogramm. Die Vorschläge bei Wörtern, die es nicht kennt sind echt der Hammer. Die kann ich euch nicht vorenthalten...

Ein Beispiel:

„Der Tinker hat schöne Puschelfüße und wohnt in einem Offenstall. Er wird pferdeschonend gebisslos geritten. Er kennt longieren an der Doppel-Longe, hat eine schöne Aufrichtung und piaffiert ist er auch schon.
Rippsattel ist auch mit dabei."

„Der Trinker hat schöne Muschelfüße und wohnt in einem Affenstall. Er wird faserschonend ergebnislos geritten. Er kennt jonglieren an der Doppel-Lunge, hat eine schöne Aufschichtung und raffiniert ist er auch schon.
Rigipsplatte ist auch mit dabei."

Aber: „Warmblöd" und „Einhornkotze" kennt das Ding...